聖光,
성스러운 빛의 길

聖光, 성스러운 빛의 길

초판 1쇄 인쇄_2023년 1월 5일
초판 1쇄 발행_2023년 1월 10일
지은이_이종진
펴낸이_진성옥 외 1인
펴낸곳_꿈과희망
주소_서울시 용산구 한강대로76길 11-12 5층 501호
전화_02)2681-2832
팩스_02)943-0935
출판등록_제 2016-000036호
e-mail_ jinsungok@empal.com
ISBN_979-11-6186-127-2 03810

※ 책 값은 뒤표지에 있습니다.
※ 새론북스는 도서출판 꿈과희망의 계열사입니다.

ⓒprinted in Korea.

※ 잘못된 책은 바꾸어 드립니다.

성광교육재단

聖光, 성스러운 빛의 길

이종진 지음

꿈과희망

■ 머리말

성스러운 빛의 길

　1989년 선친의 유지를 받들어 성광학원의 이사장으로 취임하면서 하나님의 말씀을 증거하는 학원으로 바로 세우겠다는 서원을 한 지 벌써 30년이 지났습니다.
　우리 인생사가 그러하듯이 우리 학원도 시대 변화에 따라 다양한 변모를 하고 다사다난한 일을 겪었습니다. 저는 학원복음화와 학력신장, H.S.E 운동(Health, Safety, Environment)을 학원의 목표로 삼아 이제까지 달려왔습니다. 그 결과 하나님의 말씀을 기초로 기독교 교육을 더욱 심층화했으며 그 위에서 지속적인 학력 향상을 추구하고 건강하고 안전한 환경을 조성하는 데 심혈을 기울였습니다.
　성광학원은 설립 때부터 지금까지 성령께서 함께 하신 '성스러운 빛의 길'을 걸어왔습니다. 하나님의 뜻으로 성광학원은 세워졌고 하나님의 인도하시는 빛을 따라 걸어왔습니다. 저는 그동안 성광학원이 달려 온 길을 한번 돌아보고 현실을 직시하면서 앞으로 우리가 달려가야 할 길을 생각해 보고자 이 책을 내게 되었습니다.
　먼저 첫 장에서는 이 학원의 기틀을 마련하신 선친과 제 인생 이야기를 담아 성광학원이 지나온 길을 더듬어 보았습니다. 성광의 과거가 담긴 부분입니다. 다음 장에서는 제가 이사장을 하면서 그 동안 썼던 교우지 치사 및 각종 원고를 학원복음화와 학력신장, H.S.E 운동(Health, Safety, Environment)을 중심으로 정리했습니다. 이 장은 성광학원이 발전하면서 근간을 이루었던 기본 틀을 확고히 하기 위해 그동안 썼던 글들을 모았습니다. 마지막 장은 앞으로 우리 성광학원이 더욱 발전하기 위해 어떠한 길을 가야 할지 그 방향을 모색해 본 글들을 모았습니다.

한 학원이 수많은 세월 동안 귀한 영혼들을 만나는 일은 세상 그 어떤 일보다 소중한 것입니다. 저는 이 학원이 하나님이 보시기에 아름다운 학원이 되기 바라고 많은 영혼에게 선한 영향력을 끼치기를 소망하며 살아왔습니다.

이 책을 통해 대한민국의 대구 북구에 있는 성광학원이 앞으로 세계적인 명문사학이 되기 위해 어떠한 길로 가야 할지를 생각해 볼 수 있기를 바랍니다. 그리고 이 학원을 누구보다 사랑하는 한 사람이 이 학원을 사랑하고 여기에 몸담고 계시는 여러분들에게 하고 싶은 말이 무엇인지를 들을 수 있기를 바랍니다. 성광학원이 세계적인 명문 사학으로 발돋움하기 위한 귀한 자양분의 역할을 이 책이 감당하기를 소망합니다. 이 책이 나올 수 있도록 도움을 주신 성광중학교 김기식 교장 선생님, 성광고등학교 김경환 교장 선생님, 김호식 목사님과 오희정 선생님을 비롯한 여러 선생님들께 감사드립니다.

이 종 진

■ 차례 · 聖光, 성스러운 빛의 길

■ 머리말 _ 성스러운 빛의 길   004

1. 성광이 지나온 길

1) 설립자 이규원 박사의 생애   010
2) 설립의 동역자 김선인 여사의 생애   026
3) 일생을 통하여 역사하시는 하나님   034

2. 성광이 달려가는 길

1) 하나님이 기뻐하시는 학원 – 학원 복음화   046
   – 가르치시는 이, 예수 그리스도   047
   – 내 양을 먹이라   064
   – 성광학원의 인성 교육   069
   – 행복한 삶의 지혜   078
   – 하나님이 기뻐하시는 삶   082
   – 선한 꿈과 악한 꿈   100
   – 성광의 7가지 가치   104
   – 지금 당장 해야 할 일들을 하자   108

- 성령의 빛을 발하는 성광   113
- 부활의 신앙   118

2) 무엇이든 최고가 되어 하나님께 영광 돌리는 학원 – 학력 신장   122
- 성경에서 본 학력 신장   123
- 배움의 즐거움을 찾아야   139
- 성광의 교훈과 배움의 즐거움   144

3) 건강하고 안전한 환경을 갖춘 학원 – H.S.E 운동   148
- 90年代를 맞이하면서(매일매일 새로워지는 생활하기를)   149
- 성광학원의 비전 – H.S.E 운동   153
- 아름다운 사회를 만드는 시작! H.S.E(Health, Safety, Environment) 운동   165

3. 성광이 가야 하는 길

- 성광학원의 발전을 위한 제언(提言)   172
- 50년 전의 그 날, 오늘 그리고 내일   179
- 세계 속의 명문 사학 성광학원   183
- 성광학원의 발전을 위해 달려가야 할 방향   186
- 성광이 가는 길   196

1

성광이 지나온 길

1) 설립자 이규원 박사의 생애

청강(靑岡) 이규원(李圭元) 박사
「聖光五十年史」(2003)

청강(靑岡) 이규원(李圭元) 선생은 1908년 4월 22일 경북 예천군 용문면 금곡동에서 부친 이대영과 모친 장선옥 사이에서 장남으로 출생하였다. 이규원 선생이 태어나던 시기는 구한말 격동의 시대였다. 조선 역사의 흐름을 결정짓는 청·일전쟁과 러·일전쟁, 두 전쟁에서 승리한 일본은 조선을 합병하기 위해 1905년 을사보호조약을 체결하여 이 땅을 사실상 식민지로 삼는다.

이 암울한 시대에 태어난 이규원 선생의 유년 시절에 대한 상세한 기록은 현재 남아 있지 않다. 남은 자료를 종합해 선생의 가문을 보면 일찍 기독교를 받아들인 부친 이대영 목사의 윗대까지는 전형적인 우리네 유교 집안이었다. 집안 기록에는 '오성 백사의 후손이며, 종조부 이유인(李裕寅)이 양주 목사를 역임하셨다.'라고 되어 있다. 하지만 선생의 어린 시절에는 농사짓는 일을 업으로 하는 가난한 집안이었다. 그 가운데서도 글 읽기를 게을리하지 않는 집안의 가풍을 따라 공부를 열심히 하여 어려서부터 주위의 칭찬을 많이 받았다고 한다.

소학교를 졸업한 뒤에는, 훗날 우리나라 최초의 중국선교사며 종교계의 거성으로 큰 공적을 남긴 부친 이대영 목사를 따라 일찍 대구로 나오게 된다. 이 과정에 대하여 중국선교사를 오랫동안 연구한 김교철 목사는 이렇게 적고 있다.

> 이대영 목사는 1907년 그가 사는 금당실(용궁)에 복음이 들어오자 예수를 믿기로 결정했으며, 아버지가 처음엔 이를 못마땅히 여겨 교회 출석을 막았으나 교회 일에 더 열심을 내었다고 한다. 이대영의 부친은 교회 가는 것을 막기 위하여 주일에 일을 시키기도 하였는데 이대영은 주일성수를 위해 토요일 저녁부터 벼를 베기도 하였다고 한다. 유교 집안의 장남으로 기독교를 수용하고 또 목회자의 길을 가기 위해 고향을 떠나게 되는 과정을 통해 이대영의 의지와 새로운 신앙에 대한 결단의 비상함을 느끼게 한다.[1]

대구로 나온 이규원 선생은 1921년 당시 기독교 명문 학교인 계성학교에 입학한다. 본격적인 기독교 교육의 첫걸음이었다. 이후 평양 광성고보와 숭실전문학교를 거쳐 일본으로 떠나기 전

---

1) '중화민국 산동성 선교사 이대영 목사 연구' 김교철(중국기독교 역사연구소 위원), p. 5.

까지 이규원 선생은 만 열한 해 동안 당시로서는 가장 선진적인 교육세례를 받는다. 일찍이 개화기 선교사에 의해 세워진 대구의 계성 그리고 평양의 광성과 숭실, 이 세 학교는 이 땅 미션스쿨의 대명사였다. 비록 일제강점기였지만 근대화된 신문물을 가장 먼저 받아들이고 당대 최고의 교사(校舍)와 교원을 자랑하였다. 거기에 하나님의 말씀을 늘 중심에 받들고, 믿음으로 배우고 실천하기를 게을리하지 않는 앎과 실천이 병행하는 기독교 교육을 궁행하였다. 따라서 당대에는 입학하기도 어렵거니와 교과 과정을 쉼 없이 끝내는 것 또한 쉬운 일이 아니었다.

특히 당시 이규원 선생의 부친 이대영 목사는 평양신학교를 졸업하고 경북안동읍교회(지금의 안동교회) 목사로 시무 중 1921년 조선 예수교 장로회 총회의 결정으로 1922년에 초대 중국 선교사로 파송되어, 이후 1955년 4월까지 33년간의 최장기 중국 선교사역을 감당하게 된다. 이에 따라, 이규원 선생은 계성학교에 입학한 이듬해부터 모든 교육과정을 홀로 감당해내야 했다.

1922년 이대영 목사가 중국으로 파송되어 갈 때 그의 장남 이규원의 교육문제로 고민하였다. 당시 장남 이규원은 대구에 있는 계성중학교를 다니던 학생이었다. 이대영 목사는 장남 이규원을 대구에 있는 어느 교인 집에 맡기고 선교지로 출발하였다.[2]

---

2) 김교철, 앞의 책, p. 7.

당시 중국선교는 엄청난 용기와 희생이 필요한 선교 사역이었다. 이 미지의 땅에 초대 선교사로 들어가면서 이대영 목사는 아들 이규원을 데리고 가지 않고 조선에 남겨 둔다. 어떻게 전개될지 모르는 위험 부담을 아들에게까지 짐 지우고 싶지 않았던 아버지의 결단이었다. 이후 이대영 목사는 간난신고(艱難辛苦)를 무릅쓰고 중국 선교에 헌신하여 한국기독교사에 손꼽히는 하나님의 종으로 기록되어 오늘에 전한다. 중국의 공산화로 더 이상 선교 사역이 어려워져 55년에 귀국한 이대영 목사는 이후 서울 승동교회 목사로 시무하며 제41회 대한예수교장로회 총회장에 피선되었다. 한국교회사에 '기도의 사람'으로 전하는 이대영 목사는 이후 분열된 교단의 하나됨과 영적 성장을 위하여 기도를 멈추지 않았다. 그리고 언제나 이규원 선생의 가장 든든한 정신적 지주요 후원자로 성광중·고등학교 학원복음화의 모태가 되었다. 특히 고령에도 불구하고 본교에 수차례 내방하여 새벽제단을 밝히며 몇 시간을 홀로 기도하던 모습을 많은 학교 관계자들은 잊을 수 없다고 한다. 1968년 11월 2일 향년 82세를 일기로 하나님의 부르심을 받을 때까지 기도를 멈추지 않았던 이대영 목사는 한국기독교사에 큰 인물로 많은 이들의 믿음의 사표(師表)가 되고 있다.

이처럼 중국 땅으로 부친을 떠나보내고 홀로 남겨졌음에도 불구하고 이규원 선생은 늘 기도에 힘쓰며 성실하게 공부하였다고 전한다.[3] 전 삶을 통해 몸과 마음이 하루가 다르게 자라고 감성

---

3) 여귀옥(당시 이규원 선생을 맡았던 교인 집안의 자녀)이 쓴 책, '빛을 따라 걸었더니 아름다운 추억' 서울그린파스츄어. 1994. 참조.

의 폭도 한없이 깊어지는 십대의 나이에 혈혈단신 홀로 남아, 남과 북을 아우르는 당대 최고의 기독교 학교에서 교육 받은 경험은 이후 이규원 선생의 삶에 크나큰 영향을 끼친다. 해방 이후 남산교육재단을 세우고 성광중·고등학교를 설립하여 장성하도록 키운 후 소천하는 그 날까지 일관된 선생의 사상은 '믿음 안에서 지식과 사랑을 겸비한 올바른 하나님의 일꾼'을 길러내는 일이었다. 여기에는 항상 당신이 청년의 때에 절절히 체험하였던 계성, 광성, 숭실을 능가하는 '성광학원의 비전'이 변함없는 조건이요 꿈이었다.

대구 계성학교와 평양 광성고보, 숭실전문학교를 거쳐 입학한 일본 입교(立敎)대학은 이규원 선생의 사상과 철학을 더욱 넓혀준다. 1932년 4월부터 1935년 3월까지 일본 동경 입교대학 문학부에서 역사학을 공부하였는데 특히 중요한 것은 당시 모든 유학비용을 조선 예수교 총회차원에서 장학금으로 지급하였다는 것이다. 당시 총회의 장학금을 받을 수 있는 유학생 조건이 매우 까다로웠기 때문에 총회장학금을 받는다는 사실은 매우 주목할 만한 일이었다. 총회에서는 돈을 대어 주는 학생들의 성적과 신앙태도를 수시로 점검하였으며 조금이라도 결격사유가 생기면 가차 없이 장학금 지급을 취소하고 본국으로 소환하였다. 끼니를 거르지 않으며 먹고 살기도 어려운 시기에 피땀 어린 동포의 돈으로 공부하는 학생들의 나태와 불신앙은 관용의 대상이 아니었다. 지급할 때부터 엄격한 심사로 유명하였던 이 장학금 제도는 크게 두 가지 의미가 있었다. 첫째는 이 돈을 받으며 공부하는 학생은 이 민족의 장래를 맡길 만한 동량(棟梁)이라는 것이요, 둘째는 나아가 이들이 조선 땅 하나님 나라 건설에 주역으로 굳건히 매진하리라는 사실을 믿어 의심치 않는다는 묵시적 동의였다.

일본 유학 시절에 이규원 선생은 소중한 사람을 만나게 된다. 평생의 반려자요 일생의 동역자가 되었던 김선인 여사였다. 당시 동경여자의학전문학교에서 의사의 길을 가기 위해 정진하고 있던 김선인 여사는, 같은 조선 사람으로 이역만리까지 와 공부하던 이규원 선생을 비슷한 처지에서 만나게 된다. 여섯 해의 의학공부를 모두 마친 1934년 11월 이규원 선생과 결혼한 김선인 여사는 이후 선생의 든든한 후원자가 됨과 동시에 본 재단과 성광학원의 설립 및 성장에 지대한 공헌을 한다. 대구에서 병원을 개원한 김선인 여사는 이 지역 최초의 여의사로 인술을 베풀면서 한편으로는 지역 여성계를 대표하는 인물로 해방 이후 다양한 사회복지사업에 앞장선다.

동경 입교대를 졸업한 이규원 선생은 교육입국의 웅지를 품고 귀국하여 당시 고등고시만큼이나 어렵다는 중등교원 면허시험에 합격한다. 그리고 1935년 6월 대구신명여학교 교사로 부임한다. 생애 첫 부임지였다. 이후 같은 학교 교무주임과 계성중학교 교무주임을 거쳐 1940년 2월 서른둘의 나이에 대구신명여학교 제4대 교장으로 취임한다.

이규원 선생이 교장으로 취임한 때는 일제강점기 말기로 신명여학교 역사상 가장 어려운 시기였다. 당시 이규원 선생의 교육

관을 살필 수 있는 신명학교 자료를 옮긴다.[4]

서창균 교장 후임으로 이규원 교장이 1940년 2월 28일에 부임하였다. 활달한 이규원 교장은 부임하게 되자 곧 사업계획을 세우고 이것이 자기의 사명이라고 생각했던 것이다.

첫째 민족적인 교육을 시켜야할 것, 둘째 더 많은 학생을 육영할 것

한국인 교장으로서 자신의 사명을 인지했던 이규원 교장은 재단 설립, 강당 건축, 남산고녀 인가 등 많은 일을 하였고 4학급에서 8학급으로 학교를 키워 나갔다. 그 후로도 이규원 교장은 본도 학무국장으로 전출할 때까지 계속 강력한 민족교육 활동을 소신 있게 행하였던 것이다. 이규원 교장은 교육 이념을 민족각성에 두었다. 과거의 교육 이념은 기독교 정신에 입각한 사랑과 정의를 살리는 복음 전도적인 교육이었는데 시국과 병행하면서 기독교 정신을 살리면서 민족의식을 깨우쳐 주는 민족교육을 실시하려 하였던 것이다. 지금은 억눌림을 당하고 있지만 언젠가는 다시 자주적 민족으로 독립하리라는 신념에서 은근한 민족정신을 불어 넣어 주었던 것이다. 교사 증축이며 운동장 확장 공사를 하는 것도 다 그러한 일념의 한 표현이리라. 수업면에 있어서 그러했고 정서교육면에 있어서 그러했고 체육교육면에서도 그러했다. 이름 지어 '민족교육의

---

4) 信明九十年史, 제3편 광복기 중 '민족교육의 이념' 중에서.

개화'라고 할 수 있겠다.

일제강점기 말기로 접어들면서 극심한 일제 탄압으로 선교회가 철수하고 조선 예수교 장로회 경북노회가 인수 경영하던 신명여학교를 일본은 발악에 가까운 방법으로 탄압하였다. 특히 당시 신명여학교는 오래전 3.1만세운동을 주도하는 등 민족주의 교육의 산실이었기 때문에 더욱 집요한 탄압의 대상이 되었다. 1944년 4월에는 신명(信明)이라는 이름이 불온하다 하여 강제로 교명까지 대구남산여학교로 변경하였다. 그리고 노회재산이었던 학교를 강제로 빼앗아 재단설립을 하지 않으면 강제로 학교를 폐쇄해버리겠다고 협박하였다. 당시의 상황을 신명여고 90년사에서는 이렇게 기록하고 있다.[5]

> 1944년 2월 14일 오전 10시. 모찌쯔기(望月) 학무과장으로부터 이규원 교장에게 급히 학무과로 오라는 전화가 왔다. 학무과로 달려간 이규원 교장은 깜짝 놀라지 않을 수 없었다. 연도말 안으로 재단을 구성하지 못하면 본의는 아니나 부득이 학교 문을 닫게 한다는 것이다. 청천벽력이었다.
> 이규원 교장은 고요히 기도를 올리었다. "모든 것을 주께 맡기니 좋은 길로 인도하여 주소서."
> 그날 오후 일곱 시에 이교장 사택에는 학교이사들이 비상대

---

5) 앞의 책, 제3편 광복기 제2장 남산여학교 교육재단의 설립 중 재단설립 이면사(裏面史).

책을 강구하기 위해 긴급히 소집되었다. 그리고 우여곡절 끝에 재단설립을 위한 기금이 조성되었다.

3월말 안으로 재단기금을 적립하라고 사정을 보아 주는 척 하던 모찌쯔기 학무과장은 기일도 되기 전에 일금 20만 원을 조흥은행 대구지점에 예금하고 관계서류를 학무과에 제출하니 아연실색하여 멍하여 아무말도 못하더라는 것이다. 모찌쯔기는 다시 앙탈을 부려 말하기를 "비록 재단기금은 되어 있다 하지만 당국의 방침은 인문계 학교는 인가해 주지 않기로 된 모양이니 이 기회에 심기일전하여 농업학교로 전환하는 것이 어떻겠느냐?"라는 것이었다. 사상적으로 내일을 바라볼 수 있는 지적 위치에 한국인들을 자리 잡게 하고 싶지 않았기 때문이었다. 그러나 이규원 교장은 끈질기게 서울을 몇 차례나 왕복하면서 총독부 학무국 관계자들로부터 양해를 얻어 그대로 인문계 학교로 인가를 받게 되었다.

이때 설립된 재단이 바로 재단법인 대구남산여학교 유지재단으로 훗날 대구남산여고·신명여중의 모태가 된다. 이처럼 이규원 선생은 신명여학교 교장으로서 일제강점기 민족혼을 불러일으킨 학교를 끝까지 지켜내고 민족의 여성들을 길러내는데 심혈을 기울였다.

"당시 다른 학교와는 달리 교과시간표에 일본어를 국어라고 표현하지 않고 '일본어'라고 적어두었다가 일제의 미움을 사폐교될 위기에 놓였던 일은 아직도 흥분된다. '황국신민서사', '천황교육칙어'를 달달 외우게 하던 일제 교육에 반감이 든 것은 이규원 교무주임(작고, 전 성광중·고 교장) 등 조선인 선생님들의 민족의식 고취 때문이었다고 신명 동문들은 회고한다."[6]

오랜 압제의 세월이 드디어 끝이 나고 해방이 찾아왔다. 그토록 기다리던 자유와 해방은 찾아왔지만 너무나도 급작스럽게 찾아왔기 때문에 정국은 혼란스러웠다. 일본인 교장과 교원들이 쫓겨 가면서 저지른 만행과 조선인의 분풀이가 뒤섞인 무질서와 혼란으로 인해 교사(校舍)와 교구(敎具)가 파괴 또는 도난당하는 등 일종의 공황과 불안마저 감돈 것이 당시의 학교 풍경이었다고 한다. 아울러 억압된 일제식민지교육만 강요받아온 교사와 학생, 학부모들의 정신적 공황 역시 새롭게 충족되어야할 시급한 과제였다.

이 혼란스런 해방 정국 속에서 이 땅 교육을 책임질 경상북도 교육협회가 1945년 9월 7일 창립된다. 지역의 모든 교육관계자들이 모인 창립총회에서 초대 회장으로 피선된 이규원 선생은, 훗날 국회의장을 지낸 당시 대륜중학교장 이효상 선생 등과 함께 교육입국의 초석을 놓기 시작한다. 임시교재의 편찬과 우리말 호령의 제정 그리고 절대부족상태인 교원의 보충책 등에 대한 광범위한 협의와 정책이 실시되었다.

---

[6] '백발의 여고동창생 한 자리에'(매일신문 1995년 8월 19일)

이처럼 지역교육계를 대표하여 고군분투해오던 이규원 선생은 47년 4월 해방 정국에서 지역교육을 총괄하는 경상북도 학무국장에 취임한다. 지금의 대구 경북지역을 대표하는 교육감 격인 학무국장은 당시 위계상 도지사 밑의 한 국장이었지만 경북교육계 전체의 인사권과 예산운용권은 물론 임시 교과서 편수권마저 지닌 중요한 자리였다. 학무국장으로서 이규원 선생은 새로운 교육환경을 조성하고 새 조국 건설을 위한 교육계획사업수립에 전념한다.

경북교육협회장과 학무국장으로 재직할 당시 이규원 선생은 지역 교육계의 두 가지 큰 현안과 맞닥뜨리게 된다. 하나는 46년 10.1 사태요, 또 하나는 이 지역 최초의 종합대학교 설립문제였다. 해방 직후부터 가장 예민하고 심각했던 문제는 역시 좌·우익의 대립이었다. 46년 10월 1일, 대구에서 시작되어 경북 전역으로 확산된 소위 10.1폭동은 해방 후에 일어난 최초의 대규모 소요사건이었다. 수십 명이 죽고 경찰서가 불타고 시내 일원에는 계엄령이 선포되었다. 이규원 선생은 당시 일련의 사태 속에서 학생들이 동원되거나 몸을 상하는 일이 없도록 각급 학교와 경찰서 등을 뛰어다니며 적극적인 활동을 펼친다.

한편 해방 직후 이 지역 최초의 종합대학을 설립하기 위한 문제가 논의된다. 일제강점기 때부터 대구의과대학, 대구사범학교 등의 고등교육기관이 있었지만 종합대학교는 전무한 상태였다. 이에 종합대학설립을 위한 모임회가 해방 직후 열린다.

대학 설립을 위한 첫 움직임이 일어난 것은 해방의 기쁨과 흥분이 가시지 않았던 1945년 10월 20일이었다. 이 날 대구시 내 유지 30여 명이 대구시 북성로에 있던 경북산업주식회사 2층에 자리를 함께 하였다. 당시 경북교육협회 회장이었던 李圭元을 좌장으로 한 이날 모임에서 참석자 전원이 대학설립의 필요성을 역설하였으며, 그 실천방안으로서 종합대학 설립준비위원회의 구성을 의결하였다.[7]

현 영남대학교의 전신인 대구대학교 설립준비위원을 맡은 이규원 선생은, 훗날 경북대학교 초대총장을 지낸 고병간 선생과 함께 공동대표를 맡아 대학설립의 기초를 닦는다. 그리고 해방 직후의 혼란이 다소 가라앉고 교육제도 및 과정이 안정이 되면서 학무국장에서 물러난 이규원 선생은 1950년 5월 대구대학교 제3대 학장에 취임한다. 오늘날 이 지역을 대표하는 명문사학 영남대학교의 전신인 당시 대구대학교는 이제 막 문을 연 대학교로서 체제가 미비한 상태였다. 그래서 당시 대구대학교를 설립한 재단위원회에서는 이규원 선생을, 지금의 대학총장격인 학장에 임명함으로써 시급한 난제를 풀어가고자 하였다. 개교할 당시 유일한 지역종합대학이었던 대구대학교의 학장을 맡겼다는 것은 그만큼 이규원 선생에 대한 교육계의 신뢰가 두터웠음을 반증하는 것이다. 재단위원회의 예상처럼 학장을 맡은 이규

---

7) 경북종합대학 기성회의 발족, 영남대학교 50년사, p. 75.

원 선생은 갓 설립된 대학체제를 공고히 하고 탄탄한 기반을 닦아 놓았다. 특히 취임하던 해에 발발한 한국전쟁은 한반도 전 지역을 잿더미로 만들었는데 그 와중에서도 대학교육의 정상화를 위해 일념으로 헌신하였다. 개전 초기 미군 제8사단이 교사(校舍)를 접수함에 따라 모든 중요서류와 기물을 서야동에 있던 이규원 학장 집으로 옮겨 그 곳을 대학 본부 삼아 학교를 운영하였으며, 전황이 다소 안정되자 피난 중인 서울의 각 대학 교수들을 일일이 찾아다니며 초빙하는 등 이규원 학장의 노력으로 학교수업은 성황을 이루었다.[8]

이규원 선생은 대구대학교 학장에 재임 중이던 1951년 5월 전임지였던 신명여학교의 교장을 다시 맡아 겸무하게 된다. 이때 해방 전 신명여학교 교장으로 재직시 설립한 재단법인 대구남산여학교 유지재단을 기반으로 새로운 학원설립에 나선다. 재단 설립 때부터 뜻을 모았던 처남이자 당시 대표적인 지역실업가였던 김충학 선생과 함께, 학제 개편으로 분리된 신명여자중학교와 아울러 남산여자고등학교를 설립하여 해방된 조국에 여성교육의 보금자리를 만들었다.

그리고 마침내 동족상잔의 아픔인 6.25전쟁의 한가운데서 시국을 직시하고 국가 동량재를 양성하고자 남산교육재단(현 성광교육재단)을 설립하고 이어서 칠성벌에 성광중·고등학교를 설립

---

[8] 이 공로로 이규원 선생은, 1966년 10월 1일 개교20주년을 맞은 학교법인 대구대학을 대표한 이사장 이병철 선생(당시 삼성그룹 회장)으로부터 감사장과 감사패를 받는다.

하게 된다. 간난신고(艱難辛苦)를 무릅쓰고 '겨자씨만한 믿음만 있다면 태산도 움직일 수 있다'는 평소의 신념처럼 철석같은 의지와 신념으로 학교의 기초를 공고히 하여 오늘날 전국 굴지의 대성광을 이룩하는 기적을 만들었다. 그 어려웠던 일제강점기와 혼란의 해방 정국, 그리고 전쟁의 폐허 위에서도 한결같이 걸어온 교육일생을 믿어 의심하지 않고 오로지 하나님만을 의지하는 믿음으로 후진 양성에 몸 바친 결과였다.

이후 대한사립중등학교장회 경북회장의 중책과 사립재단 중앙이사로도 활약하면서 사학의 균등한 발전과 중등교육의 기회 균점에 기여하였다. 이에 그 공로를 높이 기리어 문교부 장관 표창을 비롯하여 여러 정부 기관, 언론, 종교단체로부터 많은 표창을 수여 받는다. 특히 1975년 12월에는 국민교육헌장 선포 7주년을 맞아 정부로부터 국민훈장 동백장을 서훈 받는다. 그리고 이듬해에는 미국 LA 캘리포니아 대학에서 명예교육학박사학위를 수여 받는다.

이 모든 과정의 중심에는 선친 이대영 목사의 유지를 받들어 하나님을 경외함을 으뜸 중의 으뜸으로 삼으며 매사에 전념한 그리스도 정신이 늘 떠나지 않았다. 1962년 당시 출석하던 대구동신교회에서 시무장로로 임직되었던 이규원 선생은 하나님의 은총을 바탕으로 교직의 부르심을 입은 선생이야말로 진정한 교직자의 사표라고 늘 강조하였다. 그리고 오늘날 학원복음화의 선두요 중심이 된 성광교회를 설립하여 학원복음화의 기초를 더욱 든든히 하였다.

항상 기도하던 바와 같이 성광중·고등학교를 육성·발흥시킴을 노년의 마지막 사업으로 정하고, 광범하게 전개해 나아가던 학원 사업들을 손수 완성하겠다는 일념으로 학교를 위하고 후학을 길러냈다.

"지금도 칠척 거구에 위인의 풍모로 교내를 활보하시며 손수 오물을 처리하시던 다사로운 모습이 눈에 선하다. 조석(朝夕)의 훈화는 우리들을 매료하였으며 그 열열한 사자후는 삼군을 질타하는 대장군의 위엄이 있었다. 일상의 담화에는 풍부한 인간미와 유머가 있어 듣는 이로 하여금 심취하게 하였다."[9]

이규원 선생은 늘 자신을 알고 새 것을 찾아서 힘을 길러 나라와 민족을 위해 큰 일군이 되라고 간곡하게 당부하였다. 이 교훈은 학생들의 일생의 좌우명으로 남아 그들의 삶 속에서 퇴보가 아니라 발전을, 좌절이 아닌 용기를, 현실에 안주하기보다는 미래를 바라고 힘차게 전진하게 하는 삶의 철학으로 자리 잡았다.

하나님의 말씀을 가슴 깊이 품고 칠성별의 기적을 믿어 의심치 않으며 열정적으로 더 좋은 학교를 만들기 위해 전력을 쏟던 이규원 선생은 1986년 8월 28일 하나님의 부르심을 받아 향년 79세로 소천(召天)하셨다.

---

9) 손봉호(전 성광중 교장)

청강(靑岡) 이규원(李圭元) 박사 약력

1908. 4. 22		경북 예천군 용문면 금곡동에서 경주 이씨 이대영 목사의 장남으로 출생
1921. 4 ~	1926. 3.	대구 개성중학교 5년 졸업
1926. 4 ~	1928. 4.	평양 광성고등보통학교 2년 졸업
1926. 4 ~	1932. 3.	평양 숭실전문학교 문학부 4년 졸업
1932. 4 ~	1935. 3	일본 동경 입교(立敎)대학 문학부 사학과 3년 졸업
1935. 6 ~	1936. 4.	대구 신명여학교 교사
1936. 4 ~	1939. 4.	대구 신명여학교 교무주임
1939. 4 ~	1940. 4.	대구 계성중학교 교무주임
1940. 2 ~	1947. 4.	대구 신명여학교 교장
1945. 9 ~	1947. 3.	경상북도 교육협회 초대 회장
1945. 10		경북종합대학 설립준비위원회 대표
1947. 4 ~	1948. 4.	경상북도 학무국 국장(현 대구·경북 교육감)
1950. 5 ~	1953. 5.	대구대학교 학장(현 영남대학교 총장)
1951. 1 ~	1952. 9.	대구신명여학교 교장 겸무
1953. 4 ~	1957. 2.	대구 남산여고·신명여중 교장
1953. 6. 26.		재단법인 남산교육재단 설립
1953. 6. ~	1986. 8.	학교법인 남산교육재단 이사
1959. 3. ~	1981. 11	성광중·고등학교 교장
1962. 11.		장로 장립
1972. 12.		문교부 장관 표창
1973. 10.		사학연합회 공로 표창
1974. 2. ~	1976. 2.	경북사립중·고등학교 교정회 회장 및 재단연합회이사 경북회장
1974. 2. 9.		문공부 장관 표창
1975. 12. 5.		국민훈장 동백장 서훈
1977. 2.		미국 L.A 캘리포니아대학 명예교육학박사 학위 취득
1979. 3. ~	1981. 12.	평화통일정책자문회의 위원
1986. 8. 28.		소천

2) 설립의 동역자 김선인 여사의 생애

김선인(金善仁) 여사
「聖光五十年史」(2003)

　김선인 여사는 1909년 7월 19일 경북 풍기읍 금계동에서 부친 김두립 공의 1남 2녀 중 막내 여식으로 태어났다. 비교적 부유한 편이었던 집안에서 태어난 선생은 어릴 때부터 엄한 가정교육을 받았다 한다. 오빠 김충학과 더불어 어릴 때부터 두뇌가 명석하고 총명하여 주위로부터 칭찬을 많이 받으며 성장하였다. 일찍 교육에 열의를 두었던 부모의 뜻을 따라 안동계명소학교를 졸업한 1921년 대구신명여학교에 입학한다.
　1907년 미국 북장로교의 힘으로 대구 땅에 세워진 신명여학교는 당시 이 지역의 유일한 여성중등교육기관으로 신교육의 발원지요 영남 여성교육의 횃불이었다. 특히 당시 신명여학교는 1919년 3월 1일 조선의 온 지축을 뒤흔들었던 3.1만세운동을 이 지역에서 실질적으로 주도한 민족주의 항거의 장이었다. 수

많은 재학생과 졸업생이 시위에 참가하였으며 다수의 학생이 실형을 언도 받고 복역하였다. 이처럼 민족주의 교육의 산실이며 당시 가장 앞선 여성교육의 장이었던 신명여학교에서 김선인 선생은 다섯 해를 공부한다. 재학 기간 중에도 신명여학교는 수차례의 동맹휴학 등 꺼지지 않는 민족정신의 배움터였다.

입학 당시 갓 창립된 YWCA 등을 통해 넓은 세계의 견문을 익힌 김선인 여사는 졸업하던 해 일본으로 건너가 하관맹광여자고등학교에 입학한다. 당시 이 학교는 일본 내에서도 보기 드문 기독교 학교였다. 신명여학교에 이어 일본에 건너가서도 하나님 말씀에 기초한 학교에서 신앙을 바탕으로 한 교육을 꾸준히 받게 되는데, 이 모든 과정은 이후 언제나 김선인 여사의 변함없는 믿음의 뿌리가 된다.

여고를 졸업하던 해인 1928년 김선인 여사는 일본동경여자의학전문학교에 입학한다. 오늘날 동경의과대학의 전신이었던 이 학교는 당대 최고의 수준을 자랑하는 의학 학교였다. 일찍이 근대 문물을 받아들인 일본이 자랑하는 최고의 의과대학에 조선인의 신분으로 들어간다는 것은 매우 힘들면서도 이례적인 일이었다. 현재 남아 있는 자료를 보면 당시 조선인은 극소수에 불과하다. 김선인 여사는 이곳에서 여섯 해 동안 의학도의 길을 걷는다.

힘든 공부를 하는 가운데서도 조선 땅을 늘 잊지 못하던 여사는 재학 기간 중 신명여학교의 제4대 동창회장을 수년간 역임한다. 신명여학교에서도 비록 몸은 일본에 있지만 유수의 일본 의학 학교에 들어간 졸업생 김선인을 자랑스럽게 생각하여 동창회장을 맡긴 것이었다.

그리고 이때 김선인 여사는 이역만리 일본 땅에서 평생의 반려자를 만난다. 바로 본 재단과 학원의 설립자 이규원 선생이었다. 당시 동경입교대학 문학부 사학과에 재학 중이던 이규원 선생을 만나 함께 뜻을 나누던 김선인 여사는 졸업하던 해인 1934년 11월 이규원 선생과 결혼식을 올린다. 한 가지 특별한 점은 일본으로 오기 전 김선인 여사와 이규원 선생은 똑같은 때 (1921~1925)에 계성학교와 신명학교를 다녔다는 사실이다. 같은 때 같은 지역의 대표적인 민족주의 기독교 학교에서 교육을 받았었고, 이역만리 일본에서 어렵게 공부하던 같은 조선인으로서 이 땅 선교 초기 하나님의 사랑을 믿고 받아들였던 두 선생의 만남이었다. 그리고 이후 평생의 동역자로서, 이규원 선생과 함께 본 재단·학원의 설립과 성장에 혼신의 힘을 쏟는다.

의학도의 길을 마치고 귀국한 김선인 여사는 영남지역 최초의 여의사로서 1935년 7월 선인의원(善仁醫院)을 개원하고 인술을 베풀기 시작한다. 그리고 일제강점기말 모교 신명여학교 교장으로 재직 중이던 남편 이규원 선생을 도와 오빠 김충학 선생과 함께 재단법인 대구남산여학교 유지재단을 세워 훗날 대구남산여고·신명여중의 토대를 쌓았다.

그리고 마침내 1945년 해방의 날이 찾아오자 이규원 선생과 뜻을 합하여 본 재단과 학원 설립에 나선다. 이규원 선생이 일찍부터 몸담아 오면서 대표적인 인물로 활동하던 교육계에서 재단과 학원 설립을 주도하였다면 김선인 여사는 일체의 재정부담과 여성계 활동 등을 통해 대역사에 일로매진한다. 여사는 일찍이 선친이 물려주신 재산과 오랜 세월 의술을 베풀며 모은 모든 재산을 헌납하여 학원설립의 초석을 놓는다. 이 밑바탕은 반세기가 지난 오늘날까지 이 학원을 지탱해준 가장 귀한 헌물이었다. 그리고 설립 초창기 어려웠던 시기에 재단이사와 재단이사장을 각각 역임하면서 학원의 발전을 위해 몸을 아끼지 않았다.

김선인 여사는 재단설립에 힘을 쏟는 동시에 자연스럽게 해방정국에서 지역을 대표하는 여성으로 수많은 활동을 한다. 1949년도에 발족한 대한부인회 경북도본부의 초대 회장을 맡아 십여 년 동안 구호활동과 봉사를 통해서 여성의 지위향상과 여권 옹호 등을 위해 애쓰는 등 누구보다도 적극적인 활동을 펼쳤다. 이는 우리나라 여성운동의 효시에 해당하는 것으로 일찍이 정치참여와 사회운동에서 여성의 적극적인 권리행사에 눈 뜬 선각자적 외침이었다.

선생의 행적을 살피기 위해 당시 이 지역 여성운동사를 소상히 밝힌 자료를 일부분 옮긴다.[10]

> 해방 다음날인 1945년 8월 16일 대구지역 최초의 여의사인 김선인, 사재를 털어 사랑방 여성운동을 편 이명득, 경북지방 여성운동의 선구자로 요보호여성사업에 진력한 한신덕 등 기독교계 여성지도자들이 정부수립에 기어코자 「기독교건국

---

10) 〈발굴 … 여성운동 대구·경북 1백년〉, 매일신문 1998년 10월 23일자와 11월 27일자.

부인회」를 결성했다. …(중략)… 여자들만의 정치집단이던 여자국민당 경북도당의 발기위원장은 김선인이 지명됐다. 김선인은 2개월 동안 경북도내 전역에 걸쳐 조직을 마치고, 10월 3일 중앙의 창당대회에 참석하고 나니 정식으로 경북도당위원장에 올랐다. 이어서 46년 5월에는 김선인·이명득·한신덕·김단교·송옥란·김향란 등이 중심이 된 독립촉성애국부인회 경북도지부를 창립하였다.

해방이후 50년대 이전 창립된 대구·경북지역 여성단체

단체명	창립시기 / 초대대표자	목적	창립 중심인물
기독교 건국부인회	45년8월16일 / 김선인	정부수립에 기여	김선인 이명득 한신덕
여자국민당 경북도당	45년8월18일 / 김선인	여성정치 참여	김선인 이명득 한신덕
독립촉성 애국부인회 경북도본부	46년5월 / 김철안	여성의식 계몽 독립정부수립 기여	김선인 이명득 한신덕 이명숙 김단교 송옥란
대한부인회 경북도본부	49년4월 / 김선인	여성지위향상·여권옹호 불우여성구호	김선인 한신덕 노복선 김철안 김소분

당시 대한부인회 경북도본부는 비교적 정치색을 덜 띠면서 군·경 원호와 여성계몽, 불우여성 구호에 치중했는데 초대 지도부로 김선인(대구 첫 여의사) 선생을 선출하고 시골마을까지 순회하면서 공회당을 빌려 문맹여성들에게 한글을 가르쳤다.

가족의 절대적인 희생과 협조로 구호활동을 펴는 한편, 억울하게 빼앗겼다가 되찾은 부인회관에 무료산원을 개설, 전쟁으로 위기에 몰린 월남 임산부 구호에 앞장섰다.

수없이 밀려드는 피난민과 군경의 수용 및 부상병의 치료에 고양이 손이라도 빌려야 할 지경에 처했다. 공회당(지금의 시민회관) 마당에 큰 솥을 걸어놓고 몇 가마씩 보리를 볶아 미숫가루를 만들어 군 장병들에게 보내어 한여름 더위에 영양보충을 시켰다. 또한 지금과는 달라서 군인들의 피복사정이 좋지 않자 부인회원들은 집집마다 재봉틀을 빌려 학교 교실에 갖다놓고 매일같이 떨어진 군복을 수선하여 군인들에게 깨끗하고 단정한 옷을 갈아입혔다. 국가적 위기를 맞아 피난민 구호, 부상군경 위문 및 간호, 고아들에 대한 수용 구호사업에 정신이 없었고 나중에는 흰옷 대신 유색 옷을 입자, 반찬수를 줄이자, 화장실을 개선하자, 쌀을 절약하자는 등의 생활개선운동도 폈다.

이처럼 열정적인 삶은 김선인 여사를 기억하는 모든 이들의 공통된 추억이다. 성광중·고등학교가 설립된 뒤 창단되어 명성을 드높인 축구·야구·육상·역도 등 수많은 체육부 출신 동문들은 한결같이 연습과 경기에 열정적으로 후원과 응원을 아끼지 않았던 김선인 여사를 선명하게 기억하고 있다. 그리고 아쉬운 패배 뒤에 찾아온 아픔을 위로해주던 선생의 따뜻한 말씀도 잊지 못한다고 입 모아 전하고 있다.

이러한 모습은 지역사회에 대한 봉사와 여성 활동에도 이어져 이후 정부와 지역교육계, 종교계로부터 많은 공로상과 표창을 수여 받는다. 그 중 선생의 공적을 살필 수 있는 수상내용을 한 가지만 옮긴다. 1965년 1월 역사적인 교육자치제실시 일주년을 맞아 문교부에서는 각 도 단위별로 공적이 뚜렷한 교육인사를 엄선하여 교육공로표창을 수상하였다. 김선인 여사의 수상내용은 다음과 같다.

귀하는 평소 학교교육의 중요성에 깊은 이해와 관심을 가지시고 교육시설의 확충정비는 물론 학교교육의 정상화를 위하여 때로는 몸소 수고하시고 때로는 사재(私財)를 희사하시는 등 모든 성의를 다 하셔서 향토교육발전에 이바지한 공이 지대하므로 교육자치제 1주년을 맞이함에 즈음하여 그 공을 높이 찬양하고 이에 감사장을 드립니다.

이러한 수상 가운데서도 한결같은 소감은 아직도 해야 할 일이 많이 남았으며 일심으로 학교의 발전을 위해 더욱 정진하겠다는 것이었다.

"아직도 우리 성광학교가 제반 건물이 완성되고 더 좋은 배움의 전당이 이루어지기 위해서 물심양면의 피나는 노력이 요구되는 이때에 교육당국자로부터 표창을 받게 되어 학부형 여러분과 학교에 대하여 관심을 갖고 계시는 모든 분들께 송구한 마음이 앞섭니다. 앞으로도 일심으로 학교를 위해서 더욱

노력하고 싶을 따름입니다. 더욱 많은 사랑과 관심을 발전일
로에 있는 우리 성광학교에 보내 주시면 고맙겠습니다."[11]

이렇게 일생을 한결같이 성광중·고등학교를 위해 그리고 여
성의 사회참여와 권익향상을 위해 힘을 쏟던 김선인 여사는 뜻
하지 않은 병마로 일찍 하나님의 부르심을 받아 많은 이들을 슬
프게 한다. 1968년 9월 1일 향년 60세로 소천하셨다.

김선인(金善仁) 여사 약력

1909. 7. 19		경북 풍기읍 금계동에서 부친 김두립 공의 1남 2녀 중 차녀로 출생
1921. 4. ~	1926. 3.	대구신명여학교 5년 졸업
1926. 4. ~	1928. 2.	일본 하관맹광여자고등학교 2년 졸업
1928. 3. ~	1934. 2.	일본 동경여자의학전문학교 6년 졸업
1931. ~	1934.	대구신명여학교 동창회장
1935. 7.		선인의원(善人醫院) 개원(영남지역 최초의 여의사)
1945. 8.16.		기독교 건국부인회 창립위원
1945. 8.18		여자국민당 경북도당 창립 발기위원장
1946. 5.		독립촉성 애국부인회 경북도본부 창립위원
1949. 4.		대한부인회 경북도본부 초대회장
1953. 6.		재단법인 남산교육재단 설립위원
1959.7.5. ~	1968. 8.	학교법인 남산교육재단 이사
1967.9.11 ~	1968. 5.	학교법인 남산교육재단 이사장
1968. 9.1.		소천

11) 교지 4호.

3) 일생을 통하여 역사하시는 하나님

성광교육재단 이사장 이종진박사,
「성광의 아름다운 선교이야기」 11호(2020)

얼마 전 고등학교 한 학생이 저에게 "이사장님의 롤 모델은 누구입니까?"라는 질문을 하였습니다. 저는 주저함이 없이 예수그리스도라 대답하면서 일평생을 살아오면서 예수그리스도를 나의 구주로 받아들이고 이분을 닮아가려 노력하고 있으며 예수님과 함께 동행하는 삶을 살게 하신 하나님의 은혜에 크게 감사하고 있다고 대답하였습니다. 중요한 결정을 할 때마다 만일 예수님께서 결정을 하신다면 어떤 결정을 하실까 자문하면서 기도한 후 결정을 한다고 말하였습니다. 이러한 저의 삶의 태도가 그리고 이러한 신앙의 고백이 오늘 저의 간증의 핵심입니다.

저는 하나님께서는 자신의 뜻을 이 세상에 펴시는 데 우리들을 통하여 역사하고 계심을 믿고 있습니다. 이를 위하여 우리 모두에게 필요한 재능을 주시고 이 재능을 잘 갈고 닦는 분들의 능력에 따라 여러 가지 사명을 주신다는 것을 믿고 있습니다. 주신 사명을 깨닫고 주신 재능을 잘 갈고 닦는 것은 우리들의 몫이라는 것도 받아들이고 있습니다. 이러한 믿음을 가지고 실천하는 이들에게는 성령 하나님께서 함께하시어 주신 사명을 깨닫고 실천할 수 있는 영적 힘을 주시고 그의 일생을 통하여 그의 삶에 개입하여 주시고 단련시켜 주시고 용기를 주시어 하나님께서 우리에게 주신 사명을 잘 감당할 수 있게 해주심을 믿고 있습니다.

저의 신앙은 모태 신앙입니다. 모태 신앙의 위험은 부자 부모를 둔 아들이 돈의 가치를 잘 모르듯 주님을 영접한 가정에서 태어난 아기들이 주님과 동행할 수 있는 큰 은혜의 귀중함을 잘 모를 수 있는 위험이 있습니다. 이런 점에서 제 자신도 예외일 수는 없었습니다. 매일 아침에 아버님의 인도로 드리는 가족 예배를 하나의 습관적으로 받아들이고 부모님들이 교회에 나가시니 저도 따라가는 정도이었습니다. 그러나 이때 심은 놓은 신앙의 씨앗이 인생을 살아가는 동안 여러 가지 일들을 통하여 예수님을 만나는 일들이 많아지면서 이 복음의 씨앗들이 자라나 저의 신앙이 탄탄해져 갔으며 제가 조금 전에 고백한 신앙의 토대가 형성되었다고 여러분들께 고백을 합니다.

하나님께서는 그동안 크고 작은 여러 가지 사명들을 저에게 주셨습니다. 그중 현재 제가 하고 있는 성광학원의 복음화 사역은 저를 오랫동안 준비시켜 주신 사역입니다. 저를 준비시켜 주시기 위하여 여러 가지 사건에 접하게 하였습니다. 이러한 사건을 접했을 때에는 그 참뜻을 이해하지 못하였지만 지나고 보니 이 모두가 하나님께서 저로 하여금 인생 말년에 성광학원의 재단 이사장으로 성광학원의 복음화를 위하여 일하도록 준비해 놓으셨다는 것을 확신하게 됩니다. 그래서 저는 오늘도 "성광의 젊은이들을 말씀으로 양육하여 무슨 일을 하든지 뛰어난 일을 하여 하나님의 영광을 나타내는 학원이 되는" 비전을 달성하기 위하여 성광의 모든 교직원과 함께 열심히 일하고 있으며 이를 하나님께서 저에게 주신 가장 고귀한 사명으로 알고 있습니다. 이렇게 믿게 만든 중요한 몇 가지 사건들을 오늘 여러분과 함께 나누고자 합니다.

저의 첫 번째 이야기는 지금부터 63년 전에서 시작이 됩니다. 제가 13살 때 급성 맹장염에 걸린 일이 있었습니다. 요즘 같아서는 병으로 치부할 수 없는 간단한 병이었지만 당시는 6.25 전쟁 때라 의사였던 어머니는 대구역에 매일 나가시어 전쟁터에서 실려 오는 부상병들을 돌보시느라 저를 돌볼 시간과 정신이 없으셨는데 저의 병세가 점점 나빠지는 것을 보고 어머님께서 저를 급히 동산병원에 데리고 갔을 때는 이미 맹장이 곪아 터진 이후였습니다. 장시간의 수술도 여의치 않아 이것이 복막염으로 번졌고 복막염의 재수술도 여의치 않아 창자 일부가 손상되어 창자속의 가스가 배꼽 밑의 상처로 나오고 거기다가 폐렴까지 걸려 사경을 헤매게 되었습니다. 저는 잠시 잠이 들었다 깨어났다고 생각했는데 이 잠시 동안이 3일의 혼수상태에 있었던 정도로 사경을 헤매고 있었습니다. 당시의 의료진들은 어머님께 아들을 포기할 것을 말씀드렸다는 이야기를 나중에 들었습니다. 그 때에 저의 할아버님인 이대영 목사님께서 오셔서 저를 위하여 기도를 하셨습니다. 기도의 내용은 하나님께 하나밖에 없는 손자를 치유해 달라는 기도가 아니었습니다. 기도내용은 "의료진의 진단에 의하면 인간의 힘으로는 하나밖에 없는 제 손자의 희생 가능성이 아주 희박하다고 합니다. 하나님 제가 주님을 위하여 평생을 몸 바쳐 왔습니다. 이제 주의 종인 저의 세대를 끊으려 하십니까?" 치유의 간구가 아니라 하나님의 뜻을 묻는 기도였습니다. 이때 제 마음 깊은 곳에서 이 기도를 들으신 하나님께서 절대로 할아버지의 후손을 이 땅에서 끊지 않을 것이라고 대답할 것이라는 확신이 생기면서 저도 모르게 "불쑥 하나님 저를 살려 주시면 저도 할아버님의 길을 걸어가겠습니다."라고 하면서 앞으로 목회자가 되겠다고 서원을 해 버렸습니다. 그 후 하나님께서는 저를 살려 주셨지만 저는 그 서원을 지키지 않고 딴 길을 가 버렸습니다. 아주 큰 불경죄를 저지른 것입니다. 그러나 주님은 저를 버리지 않으셨습니다. 나중에 깨달은 것입니다만 이러한 일이 저를 성광학원 복음화를 위하여 달아나지 못하게 꽉 붙들어 매신 하나님의 계획이었던 것입니다.

두 번째는 1955년 계성 고등학교를 졸업할 당시 전쟁의 폐허 속에 있는 조국의 경제를 부흥시키기 위하여 우수한 학생은 기술을 배워 조국 중흥에 이바지해야 한다는 고등학교 선생님의 충고에 따라 서울대학교 공과대학 기계과로 진학했습니다만 기술만이 경제 부흥의 전부가 아니란 생각을 떨쳐 버릴 수가 없었습니다.

그래서 서울대학교를 졸업한 후 미국 성장의 원동력을 찾아야 되겠다는 생각에 미국의 공과대학인 MIT로 진학하였습니다. 그런대 유학 초기에 하나님께서는 저를 아주 겸손하게 만들어 버렸습니다. 계성고등학교와 서울대 공과대학을 수석으로 졸업한 저는 공부에 있어서는 자신감이 많았고 어쩌면 배움에 관해서는 교만하지 않았나 하는 생각을 하였습니다. 예를 들면 외국 유학을 갈 때에도 세상에서 가장 우수한 공과 대학인 MIT 한곳만 원서를 내면서 나를 받아 주지 않으면 누구를 받아 줄 것인가 하는 자만과 교만이 있었습니다. 그러나 유학 초기 그 당시 영어 실력으로는 도무지 교수님의 강의를 알아들을 수가 없었습니다. 뿐만 아니라 전 세계에서 모인 많은 수재들과 경쟁을 하면서 나의 나약함을 발견하게 되고 여러 번의 좌절과 자신에 대한 실망의 경험을 하면서 출구가 없는 캄캄한 통에 갇혀버린 느낌을 느낄 때가 많았습니다.

이때 상황은 저를 아주 겸손하게 만들었을 뿐만 아니라 이 세상에서 꿈과 희망을 갖지 못한 사람들의 고민을 희미하게나마 이해할 수 있는 기회가 되었습니다. 이러한 고비를 넘기면서 무사히 학업을 마치고 1965년에 박사 학위를 받을 수 있었습니다만 오늘 성광학원에서 성적이 낮은 학생이나 불우한 학생들, 꿈과 희망을 잃어버리고 그 출구를 찾지 못해 고민하는 학생들에게 연민의 정을 가지고 있는가도 이 때의 경험 때문에 아닌가 생각합니다. 저는 가끔 예수그리스도께서 성광에 오셨으면 어떤 학생들에게 가장 많은 관심을 가질 것인가라고 자문을 합니다. 틀림없이 학교에서 어려운 학생, 소외받고 있는 학생, 꿈과 희망을 버린 학생들이라 믿고 있습니다.

세 번째는 제 인생에서 중요한 신앙의 멘토를 만나게 된 일입니다. 어느 날 미국에 온 외국인 학생을 상대로 복음을 전하고 계시는 Marvin 목사님을 만나게 되었습니다. 목사님께 성경공부를 더 하고 싶다고 했더니 주저 없이 본인이 직접 저를 가르치겠다고 하셨습니다. 그리고는 다음 날부터 제 아파트를 새벽이면 찾아 오셔서 함께 기도를 하고 성경공부를 시켜 주셨습니다. 유학시절 하나님께서는 성경공부에 개인 지도 목사님을 통해 저를 영적으로 훈련시키셨습니다.

네 번째 사건은 1965년 학위를 마치고 미국의 Tufts 대학교 공과대학의 조교수로 초빙되었을 때입니다. 약 3년이 지난 후 부모님의 부르심으로 대학에는 휴직서를 내고 귀국하여 30세의 젊은 나이에 성광 중·고등학교 통합 교장으로 일 년 남짓 일하게 되었습니다. 당시 부모님들을 많이 원망했습니다만 이것이 오늘날 제가 성광학원을 돌보게 하시려는 하나님의 계획이란 것을 당시는 알 길이 없었습니다.

그 후 미국 대학에서 교수로 있으면서도 국가 발전과 성장의 원동력은 기술에만 있지 않다는 생각이 들면서 대학에서 기업으로 자리를 옮기게 되었습니다. 미국의 AMF, General Electric 등에서 기업 전략가, 기술 개발 책임자, 국제영업, 새로운 사업 개발, 기업전략 수립 책임자로 일 하면서 여러 경영인들과 만나고 또 직접 경영에 참여하면서 국가나 어느 단체나 그의 성장과 발전은 기술이나 System 만이 아니라 바로 이를 이끌고 있는 올바른 지도자 즉 꿈이 있으며 이를 달성하기 위한 사명감이 투철하고 열정이 있으며 거짓이 없고 겸손하며 자기중심이 아닌 남을 배려할 줄 아는 지도자와 그와 뜻을 같이하는 사람들이란 것을 깨닫게 되었습니다.

이것을 깨달은 지 얼마 되지 않아 1986년 8월 28일 저녁, 성광학원의 설립자이신 선친께서 소천하셨다는 비보를 받았습니다. 급히 귀국하여 장례식을 마친 후 학교의 여러 가지 난제를 듣고 약 2년 동안 귀국하지 않고 10여 차례 한국과 미국을 왕래를 하면서 학교를 정상화하려 하였지만 많은 것이 실패로 돌아갔습니다. 그래서 하나님 앞에 무릎을 꿇고 간절히 기도를 하였습니다. '하나님 아버지 학교 문제를 해결하는데 왜 되는 일이 하나도 없습니까? 제가 무슨 잘못을 저지르고 있는 것입니까?'

이렇게 기도하는 가운데 마음 깊은 가운데서 이러한 음성이 들려오는 것이었습니다.

"네가 13살 때 사경을 헤매면서 나에게 서원한 것을 잊어버렸느냐? 나는 너의 할아버님과 너의 기도를 듣고 너를 살려 주었는데 너는 나에게 한 서원을 버리고 세상 속으로 달아났지? MIT 유학시절에 너로 하여금 겸손하게 만들고 꿈과 희망을 잃어버린 자의 심정을 이해할 수 있도록 경험하게 한 것이 우연이라 생각하느냐? Marvin 목사님을 통하여 나의 말씀을 계속 접하게 한 것은 무엇이라 생각하느냐? 대학 교수직을 접게 하고 성광의 교장 경험을 하게 한 것이 무슨 뜻이라 생각하느냐? 미국 대기업의 중역의 경험을 쌓으면서 국가나 어느 단체의 성장을 위해서는 올바른 인재가 중요하다는 것을 깨닫게 하여 주었다. 이제 미국 생활을 정리하고 귀국하여 나를 위하여 성광의 건 아들을 나의 가르침으로 강화하여 말씀을 통해 좋은 인재들을 육성하여야 되지 않겠느냐?" 순간 나의 영의 눈이 번쩍 열리는 것을 느꼈습니다. 미국 생활을 청산하고 귀국하기로 결심하고 1988년에 귀국하였습니다. 그 후 모든 것이 해결되기 시작하였습니다.

당시 미국의 굴지 회사인 AlliedSignal의 한국 대표직을 얻어 한국서 학교를 돌보는 일에 필요한 모든 여건이 마련되게 해주시었으며 2002년에는 AlliedSignal과 Honeywell의 합병으로 새로 탄생한 Honeywell International의 한국 담당 회장으로 무사히 은퇴하게 하시고 오늘날 하나님이 기뻐하시는 성광 즉 교회의 모습을 가진 학원, 성령 충만한 학원, 천국의 모습을 가진 학원이 되기 위하여 변화, 성장, 성숙의 과정을 이어가고 있는 성광학원을 위하여 저를 사용하고 계시는 하나님께 항상 감사를 드리고 있습니다. 지금의 일이 저에게는 그동안 세상에서 이룩한 어떤 일과 비교할 수 없는 보람 있는 일로 믿고 있으며 하나님과 약속을 지키지 않은 저 같은 사람을 버리지 않으시고 사용하고 계시는 하나님께 진심으로 감사하게 생각하고 있습니다.

이제 말씀을 맺겠습니다. 예수 그리스도를 구주로 영접하고 그를 닮아가려고 노력하는 이에게는 그의 일생을 통하여 하나님께서 그의 삶을 간섭하여 훈련시켜 주시고 하나님께서 이 땅에서 그를 사용하기 위하여 그의 삶을 인도 하신다는 사실을 믿으시기 바랍니다. 지금 어려움을 당하고 계시는 분이 있습니까? 주님께서는 여러분들이 이 어려움을 이길 힘을 주시며 이러한 어려움을 통하여 여러분들에게 더 큰 일을 맡기기 위하여 단련하고 계십니다. 절대로 실망하거나 낙심하거나 비통하지 마시기를 바랍니다. 훈련해 주심을 감사하기 바랍니다. 한편 좋은 일의 축복을 받으신 분들이 계십니까? 하나님의 은혜에 감사하며 절대로 자만하지 마시기 바랍니다. 이렇게 사시는 여러분과 저가 되기를 하나님의 이름으로 축원합니다.

이종진(李鍾振) 박사 약력

1937. 4		대구 출생
1955. 2		대구계성고등학교 졸업
1959. 2.		서울대학교 공과대학 졸업
1965. 2.		미국 Massachusetts 공과대학(MIT)기계공학박사
1964. 3 ~	1967.12	미국 터프스(TUFTS)대학교 조교수
1968.01 ~	1968.08	성광중·고등학교 교장
1968.09 ~	1969.08	미국 WestVaco 회사 수석연구주임
1969.09 ~	1971.08	미국 어메리컨캔사 프로젝트 실장
1971.09 ~	1978.09	미국 AMF사 전략기획부사장
1978.10 ~	1987.09	미국 General Electric(G.E 방위산업부) 전략기획 및 사업개발본부장
1989.09 ~	1989.09	미국 AlliedSignal Korea 회장
1998.10 ~	2000.09	Honeywell Korea 회장
2001. ~	2008.09	미국 센서스(SENSIS CORP)회사 사외이사
1989. ~	현재	성광교육재단(성광중·고등학교) 이사장

2

성광이 달려가는 길

1) 하나님이 기뻐하시는 학원
   - 학원 복음화

가르치시는 이, 예수 그리스도

성광교회 금요예배(2000. 11),
특별기고. 「성광의 아름다운 이야기」 8호(2017)

> 예수께서 이 말씀을 마치시매 무리들이 그 가르치심에 놀래니 이는 그 가르치시는 것이 권세 있는 자와 같고 저희 서기관들과 같지 아니함일러라. －마태복음 7장 28~29절

지난 3개월여 동안 대구에서 지내며 시민들의 삶을 눈여겨보면서 동시에 우리 학원을 투시경으로 하여 우리가 당면하고 있는 청소년 교육 문제들을 내 나름대로 이해하려고 노력하였습니다. 우리 학원이 나아가야 할 길에 대해서 다시 한 번 더 생각해 보고 지금 우리들이 하고 있는 일들이 바른 길인가, 그렇지 못하다면 어떠한 궤도 수정이 필요한가? 바른 길이라면 더 잘 할 수 있는 길은 무엇인가를 많이 생각해 보았습니다.

이를 토대로 하여 '첫째 성광의 비전, 둘째 현 교육 정책의 문

제점, 셋째 우리 젊은이들이 갖고 있는 문제점, 그리고 끝으로 이들을 극복하기 위해 우리 성광 학원이 필요로 하는 교사관의 정립'이라는 네 가지 아이템을 가지고 생각해 보고자 합니다.

 만일 이미 실천에 옮기고 있는 것들이 있다면 더욱 열심히, 아직 시행하지 못하고 있는 것은 과감히 실천하는 용기를 가져 주기 바랍니다. '참'이라고 알고 있으면서도 혹시 시행착오를 하지 않을까 하여 시행하지 않는 것보다는 시행착오가 있더라도 참을 시행하는 '용기'가 더욱 중요한 것이며 앎을 행동으로 옮길 때 발전이 있습니다.

 지난 10여 년은 우리 성광이 나아가야 할 비전과 방향의 정립기라 할 수 있었습니다. 학원의 복음화, 학력 신장, 시설 현대화, 교사 채용의 투명성 공정화, 건강, 안전, 환경(H.S.E : Health, Safety, Environment) 운동의 시작 등이 그 예입니다.

 아직 완벽하다고는 할 수 없으나 방향은 정립되어 가고 있습니다. 그러나 이 방향을 향하여 교직원, 학생, 학부형의 마음이 하나 되어 실행해 나가고 있느냐 그렇지 않느냐에 따라 성패가 좌우될 것입니다. 우리에게 중요한 것은 생활 현장 속에서 걸어가는 벡터의 일치라고 생각합니다. 우리 마음을 다시 한 번 더 다짐해서 행동 영역의 벡터를 한 방향으로 잡아 다음 단계로 뛰는 우리 모두가 되어야 하겠습니다. 그리고 오늘 이 순간이 이를 달성하는 데 조그마한 보탬이 되기를 바랍니다.

저는 비교적 간단하고 소박한 성광 학교 비전을 가지고 있습니다. 젊은이를 교육함에 성경에 바탕을 두고 우리가 무엇을 하든지 뛰어난 일을 하는 학교가 되는 것이 그것입니다.

복음화는 우리의 교육 활동을 성경말씀의 기초 위에서 구축하는 것입니다. 복음화를 통하여 가치관, 세계관, 인생관이 성경적이 되어야 할 것이며 동시에 학교에서 하는 모든 일들은 남의 추종을 불허할 만큼 뛰어난 일들이 되게 함으로써 궁극에는 하나님께 영광 돌리는 일을 하는 학교가 되는 비전을 가지고 있습니다.

우리는 이 비전을 향한 조그마한 발걸음을 이미 내딛었습니다. 작년의 1학년 12반이나 금년의 꾸밈반의 시도가 바로 그 한 예가 되겠습니다. 이 반은 결코 세상이 말하는 대안반(代案班)이 아니며 공부 못하는 학생들의 열등반도 아닙니다. 배움의 즐거움을 잃어버리고 인생의 꿈과 희망을 채 정립하지 못한 젊은이들에게 이것들을 찾아 주는 운동입니다. 이 문제는 단지 이 학급만의 문제가 아닙니다. 정도의 차이는 있겠지만 오늘날 우리 젊은이들 모두가 가지고 있는 문제들이라 생각합니다. 이러한 학급 활동을 통하여 그 해답을 찾아보고자 선생님과 학생, 학부형들이 함께 노력하고 있는 것입니다. 이러한 노력은 성경에 기초한 신앙이 없이는 시도하기도 쉽지 않으며 시도한다 하더라도 성공하기는 퍽 어려울 것입니다. 아직 초기 단계에 지나지 않지만 많은 연구와 경험을 쌓으면서 더욱 더 뜻깊게 보완해 나가야 할 것입니다.

복음화 운동은 뛰어난 프로그램입니다. 학원 복음화를 학교와 대구의 여러 교회가 같이 협력하는 일이라든가 학생들의 세례식을 지속하고 있는 일들은 타 학교에서는 보기 드문 일입니다. 그러나 아직도 내실을 기하여야 할 일들이 많이 남아있습니다. 모든 교사들이 예수 그리스도를 영접하는 날이 하루 속히 오기를 저는 기도하고 있습니다.

이 외에도 여러 가지 예를 들 수 있겠지만 우리가 추구하여야 할 것은 무슨 일을 하든지 모든 일들을 남들보다 뛰어나게 하여야 할 것이며 만약 뛰어나게 하지 못한다면 그 못하는 원인들을 찾아, 뛰어나게 할 수 있는 방법을 찾아야 할 것이고 이를 찾지 못한다면 즉시 중단하고 뛰어나게 할 수 있는 일에만 우리의 힘을 모아야 할 것입니다. 어디에다 힘을 모을 것이냐 하는 문제는 계속하여 검토해 나갈 것입니다. 한 가지 분명한 것은 복음화, 학력 신장 및 H.S.E 운동, 즉 건강-안전-환경 운동은 성광 학원 비전의 핵심축이란 사실입니다. 앞으로 이 문제를 가지고 함께 고민하며 대화할 수 있는 기회가 많이 있기를 바랍니다.

우리나라 교육 정책은 영양실조에 걸려 있습니다.

우리는 지난 100년 동안 엄청난 변화를 겪었고 현재도 국민들이 소화하지 못할 정도로 많은 것이 변하고 있습니다. 이러한 변화 가운데서도 우리 국민들의 인생관 중에 별로 변하지 않는 것 중의 하나가 교육을 통한 인생 성공을 달성하는 것입니다. 과거 왕권 시대 때 특수층이 엘리트교육을 받아 과거에 합격하면 성공했다는 인생관이나 오늘날 서울대를 나와 사법고시나 행정고시에 합격하면 성공한다는 인생관 사이에 별로 큰 차이점을 찾을 수 없다는 것은 슬픈 일입니다.

지난 100년 동안 세계는 왕권 시대에서 민주 사회로, 농경시대에서 농경 산업 정보화 시대가 공존하는 압축시대를 통과하고 있습니다. 그 위에 개방의 물결이 들이닥치면서 젊은이들이 가치관의 혼돈을 겪고 있고 비정한 국제 경쟁 속에서 실력 없고 힘없는 민족, 국가, 단체들은 도태될 수밖에 없는 현실이 다가오고 있습니다.

이런 현실 속에서 교육 정책 입안자들이 우리가 살아남기 위한 정책을 내어놓고 있지만 우리의 문화적, 역사적, 사회적 및 삶의 정서적 면을 심각하게 생각하지 않고 선진국의 흉내를 내고 있다는 느낌을 받을 때가 많이 있습니다. 교육정책은 10년 내지 20년 후에 필요로 하는 인재를 위한 민족 교육 움직임의 벡터를 설정하는 것이기에 그 정점이 북극성 같이 저 멀리 있을 필요는 없지만 적어도 한 세대만이라도 안심하고 우리 삶의 벡터를 그를 향하여 조정하도록 하는 힘을 가지고 있는 정책을 내어놓아야 합니다. 그런데 자기 임기 동안에 무엇을 하나 하겠다는 공명심 때문인지 전임자가 만들어 놓은 정책에서 흘러나오는 불평 때문인지 이를 모두 바꾸지만 어느 정책 하나 국민들의 신임을 받지 못하고 있지 않습니까? 모든 국민이 그 정책의 실현을 위하여 열광하는 힘 있는 정책을 내어놓지 못함으로, 한 마디로 말하면 많은 정책들이 영양실조에 걸려 비실비실 하고 있는 것이 우리의 현실이 아닌가 생각합니다. 이 문제는 우리가 계속하여 풀어나가야 할 분명한 숙제입니다.

젊은이들이 갖고 있는 고민을 들어보면 더 참담한 생각이 듭니다.

책임이 누구한테 있건 오늘날 우리의 많은 젊은이들은 배움의 즐거움을 잃어버리고 있습니다. 또 모두가 그런 것은 아니지만 적지 않은 교사들이 가르침의 즐거움을 잃어버리고 있습니다.

문명의 이기(利器) 속에서 배움과 가르침의 본능을 상실한 것은 슬픈 일입니다. 특히 우리나라에서는 어릴 때부터 미술 학원이다, 속셈 학원이다, 피아노 학원이다 하여 배움의 등살 속에서 또 그 중압감에서 또 시험 스트레스에서, 배움은 즐거움이 아닌 고행의 길이 되어 버렸습니다. 시험은 자기 발전의 측정 요소로써 기꺼이 택하는 일이 되지 못하고 공포의 대상이 되어 버렸습니다. 배움은 매우 중요한 것이고 생존을 위하여 필요한 것입니다. 배움은

1. 우리를 무지에서 해방시켜 주며
2. 혼돈스러운 우리의 생각을 정돈하여 주며
3. 알고 있는 것을 하나님의 영광을 위하여 바로 쓸 수 있는 힘을 줍니다.

무지(無知)에서 해방되지 못한 젊은이들의 문제는 자신이 이 세상에 필요한 인간이 아니라는 생각을 가지게 됩니다. 테레사 수녀의 말처럼 이 세상에서 가장 무서운 병은 신체적인 병이 아니라 자기 자신이 이 세상에서 필요한 인간이 아니라고 생각하는 것입니다. 신체적인 병을 이기고 인간 승리를 이룬 이들은 많지만 자기 자신이 이 세상에서 버려진 인간이라고 생각하고 있는 사람 가운데서 승리한 사람은 드뭅니다. 배움의 즐거움을 잃어버린 젊은이들이 인생의 꿈과 희망을 갖지 못하는 것은 어쩜 당연한 귀결인지도 모릅니다. 우리는 이 배움의 즐거움을 학생들에게 찾아주어야 하는 사명을 가지고 있습니다.

또 하나의 문제는 배움의 즐거움을 잃어버린 우리 젊은이들이 하나님을 잊어버린 기성세대에 오염이 되어 있다는 것입니다.

해방 이후 반세기 동안 우리는 경제적으로 잘 살기 위한 노력을 많이 했고 그 결과 우리는 잘살게 되었습니다. 그러나 우리는 그 시절을 통해 너무나도 많은 것을 잃어버렸습니다. 바로 정식(正式)으로, 정도(正道)로 산다고 하는 삶의 근본적인 원칙을 잃어버렸습니다. 재물이 인간의 행복을 주리라 믿었던 믿음은 구시대적 산물입니다. 사도 바울은 로마서에서 하나님을 마음에 두기 싫어하는 세태를 '모든 불의, 추악, 탐욕, 악의, 시기, 살인, 분쟁, 사기, 비방, 교만' 등이 가득하다고 묘사하고 있지 않습니까? 배움의 즐거움을 잃어버린 세대가 이러한 기성세대의 잘못된 것에 오염되기는 쉬우며 지금 이 시간에도 오염되어가고 있는지도 모르겠습니다.

이러한 현실 속에서 우리의 비전을 달성할 교사관은 어떤 것이어야 하겠습니까? 하지만 그 답을 우리들이 배워온 대학과정이나 교육부의 지시에서가 아니라 우리가 잘 알고 있는 예수 그리스도를 통하여 그것을 찾아보고자 합니다.

예수 그리스도께서는 공생애 3년 동안 60% 이상의 시간을 제자 양육과 군중들의 가르침에 보냈습니다. 십자가상에서 우리의 죄 때문에 피 흘리시기 전까지의 활동은 어떻게 보면 교사로서 또는 예언자로서 이 세상에 오셨다고 말해도 크게 틀리지 않을 것입니다. 이러한 예수 그리스도의 삶을 통해 우리의 교사관을 논의하고자 합니다.

예수 그리스도께서는 확고한 사명감을 가지고 계셨습니다.

마태복음 4장 1절에서 11절에 나오는 40일 동안의 금식 기도 후에 예수 그리스도께서 당하신 마귀의 시험 이야기는 너무나 잘 알려진 것입니다. 한 마디로 말하여 재물, 명예, 권력의 유혹을 이기신 사건이었습니다. 가끔 예수 그리스도께서 40일 동안 광야에서 왜 금식기도를 하셨고 하나님과 무엇을 피눈물 나게 대화하셨을까 궁금할 때가 있습니다. 성경에는 이에 대하여 자세히 기록해 놓은 것이 없어 잘 알 수는 없지만 한 번 유추해 볼 수 있는 것은 자신의 엄청난 사명을 아시고 또 이를 달성하기 위한 고통을 생각하시면서 인간적으로 괴로워했을 것 같습니다. 그리고 심각한 고뇌에 빠져 어떻게 하면 그 고통을 피하면서 자기 백성을 구원할 사명을 이룩할 수 있을까? 그렇지 못하다면 사명을 달성하기까지의 여러 시험들을 이길 수 있는 힘을 주시기를 하나님께 기도했을 것이리라 생각해 보곤 합니다. 예수님께서 십자가에서 피 흘리시기 전날 겟세마네 동산에서 '이 잔을 피할 수만 있다면 피하게 하여 주시옵소서' 하는 간절한 기도를 하신 것을 보더라도 자기 백성의 구원을 위하여 그 고통의 잔을 마시지 않고 자기의 사명을 다할 방법을 간구하였을 가능성은 있습니다. 그러나 40일 기도 후에 얻은 결론은 아무리 어려운 고통일지라도 하나님 아버지의 뜻을 거역할 수 없다는 것이었습니다. 바로 여기에 마귀 유혹의 교활성이 나타납니다.

마귀는 예수님께 속삭인다. 당신이 정녕 하나님의 아들이라면 여기 한없이 흩어져 있는 돌들로 떡덩이가 되게 하라고.

백성이 하나님을 떠나 구원받지 못할 길을 걷고 있는 것은 배가 고프고 삶이 피곤하기 때문이니 당신이 이 돌들로 떡을 만든다면 당장에 그네들을 배불리 먹게 할 수 있을 것이며 당신은 거부(巨富)가 될 것이고 또 세상 사람들은 떡을 구하기 위한 농사의 수고도 없으며 경제 구조도 개혁하여 풍요로운 사회도 만들고 당신의 재물로써 도움이 필요한 사람들을 모두 도와준다면 이 모든 백성들이 하나님 앞으로 돌아올 것이니 그 고통스러운 잔을 마시지 않고도 당신의 사명을 이룩할 수 있어 누이 좋고 매부 좋은 일이 아니겠느냐? 하나님도 당신의 그 지혜로움을 칭찬하실 것이다. 하나님이 주신 잔은 너무 잔인하다. 만일 하나님이 주신 그 잔을 반드시 마셔야 한다면 당신을 진정으로 아끼는 분이 아니니 그 분의 말씀을 꼭 들어야 할 이유가 무엇이 있겠는가?

참으로 달콤한 유혹이 아닙니까? 마귀가 하와를 유혹했을 때와 비슷한 느낌이 듭니다. 아마 우리라면 단번에 그 유혹에 넘어갔을 것입니다. 아마도 그 유혹을 받아들였더라면 요즘 말로 경제 분야의 노벨상쯤은 누워서 떡 먹기였을 것입니다.

하지만 이에 대한 예수 그리스도의 대답은 단호하였습니다.

'기록되었으되 사람이 떡으로만 살 것이 아니오, 하나님의 입으로 나오는 모든 말씀으로 살 것이라'고. 재물의 유혹이 먹혀들어가지 아니하니 사람들이 좋아하는 명예의 유혹을 하기로 마음을 정하고 마귀는 예수 그리스도를 성전 꼭대기로 데리고 갑니다. 말하기를, '네가 만일 하나님의 아들이거든 뛰어내리라. 그러면 그 사자(使者)들이 내려와서 너를 손으로 받들어 발이 돌에 부딪히지 않게 하리라.'

그리고는 이렇게 덧붙였을 것입니다. 이렇게 되면 이 모든 백성들이 너의 안전함을 보고 당신을 하나님의 아들로 받들고 우러러보며 따를 터이고 당신의 이름이 온 천하에 알려질 것이며, 그때 백성들에게 하나님 앞으로 돌아올 것을 외친다면 모든 백성들이 그 외침을 따라 모두 구원받을 것이니 당신은 십자가의 고통을 감수하지 아니하고도 사명을 달성할 수 있지 아니하냐고 말입니다. 참으로 달콤한 유혹입니다. 만일 이 유혹에 넘어 갔더라면 역사적으로 유명한 인사 중의 한 사람으로 남을 수 있었을지는 몰라도 하나님의 구원 역사를 이루지는 못하였을 것입니다. 예수님은 이 명예의 유혹도 성경 말씀으로 단호히 거절하셨습니다. '또 기록되었으되 너의 하나님을 시험치 말라 하였느니라.'

마지막으로 권력으로의 유혹이 펼쳐집니다. 예수를 그 지역의 지극히 높은 산으로 데리고 가서 천하만국과 그 영광을 보이면서 이야기합니다. 자기에게 엎드려 경배하면 이 모든 것을 주겠다고. 우리나라 정치인들이 제일 좋아할 유혹입니다. 마귀는 '하나님께서 원하시는 것은 자기의 백성을 구하는 것이지 당신을 십자가상에서 피 흘리게 하는 것이 아니니 당신이 이 세상을 다스리는 권세를 나로부터 받으면 이 모든 문제를 당신께서 해결할 수 있지 않겠느냐'고 계속하여 속삭였을 것입니다. 얼마나 힘있는 유혹입니까? 예수 그리스도께서는 성경 말씀을 다시 인용하여 이 유혹을 물리치십니다. '사단아 물러가라 기록되었으되 주 너의 하나님께 경배하고 다만 그를 섬기라 하였느니라.'

만일 예수 그리스도께서 이 세 가지 유혹을 받아들였다고 하면 그 자신은 당대뿐만 아니라 인간 역사상에 대부호로, 유명한 선생으로, 또 힘 있던 지배자로 남아 있을지 모르지만 예수 그리스도의 본사명인 자기 백성을 저희 죄에서 구원하는 일(마태복음 1장 21절)과 우리 연약한 것을 친히 담당하시고 병을 짊어지셔야 할 사명(마태복음 8장 17절)은 결코 이루지는 못하였을 것입니다.

예수 그리스도께서 사탄의 시험에 빠지지 않고 그 사명을 지킬 수 있었던 힘은 부단한 하나님과의 대화 즉 기도의 힘이었습니다. 하나님께서 주신 가장 귀중한 교사의 은사를 받은 우리, 그리고 예수 그리스도를 우리 구주로 받아 구원의 은혜를 받은 우리, 말씀대로 살 수 있다면 복이 충만하리라는 약속을 받은 우리, 우리는 예수 그리스도가 가지고 있었던 확고한 사명감을 배워야 합니다.

우리는 젊은이들을 올바르게 교육시킬 사명을 가지고 있습니다. 잃어버린 배움의 즐거움을 젊은이들에게 찾아주어야 합니다. 배움의 즐거움을 찾으면 성적은 올라가게 되어 있습니다. 즐거움이 없는 배움은 가르치는 기술에 따라 순간적으로 성적은 올라갈 수 있을지 모르지만 오래 가지는 못합니다. 그것은 도리어 지식의 소화불량에 걸리기 쉽습니다. 즐거운 배움은 그 배움이 오래갈 뿐 아니라 한없이 뻗어나가는 것입니다. 이 사명을 다 하기 위하여 우리가 먼저 배움의 즐거움을 찾아야 하고 또 가르침의 즐거움도 찾아야 합니다. 만일 그렇지 못하다면 하나님께서 주신 달란트를 땅에 묻어 놓고 계시는 것은 아닌지 한번쯤 반성을 해 보아야 할 것입니다.

혹시 우리들이 예수 그리스도께서 당하신 것과 같이 재물, 명예, 권력의 유혹 때문에 우리가 맡은 사명을 팽개쳐 버린 일은 없었던가? 우리의 사명을 다 할 수 있도록 우리는 얼마나 기도생활을 하였는가?

예수 그리스도께서는 제자들이나 민중들 또 당대 유태교 지도자들의 의도를 꿰뚫어 보고 계셨습니다.

예수 그리스도께서는 누구를 가르치든지 또 누구와 대화를 나누든지 상대방의 의중이나 필요한 것, 정신적 상태를 꿰뚫어 보고 계셨고 이에 적절한 자료를 이용하여 여러 가지 방법으로 가르치셨습니다. 마태복음 5장에서 7장까지 나오는 산상 수훈(山上垂訓)은 좋은 예입니다. 말씀을 마친 후의 민중의 반응이 이를 뒷받침하고 있습니다.

예수께서 이 말씀을 마치시매 무리들이 그 가르치심에 놀래니 이는 그 가르치시는 것이 권세 있는 자와 같고 저희 서기관들과 같지 아니함일러라(마태복음 7:28~29).

우리들은 학생들을 가르칠 때 학생들이 갖고 있는 고민을 이해하고 어려워하는 단원들이 무엇인지 잘 이해하고 또 꿰뚫어 보고 있습니까? 50분의 수업을 마쳤을 때 그 가르침에 놀라며 이는 권세 있는 자와 같고 학원에서 가르치는 것 같지 않더라는 학생들의 반응을 볼 수 있습니까? 어떠한 학과를 또 어떠한 단원을 가르치든지 학생들이 가장 어려워하고 힘들어하는 분야를 알아 그들에게 학문의 생수를 마시게 해주어야 합니다.

예수 그리스도께서는 작은 일에도 충성하셨습니다.

예수 그리스도께서는 자기 백성을 구원하는 큰일에만 집착하지 않으셨습니다. 매일 매일의 생활 현장 속에서 한 사람의 소경을, 절름발이를, 혈우병 환자를 고치는 일과 바리세인들과의 설전(舌戰) 등 작은 일들에도 정성을 다하신 분이셨습니다. 우리들은 어떠합니까? 교육 현장 속에서 자신이 맡은 작은 일에도 혼신의 힘을 쏟고 있습니까? 예수 그리스도께서는 작은 일에 충성한 자에게 더 큰 일을 맡기시겠다고 말씀하셨습니다. 아무리 작은 일이라도 교육 현장에서는 일반 사회의 큰일보다 더 중요할 수 있다는 사실을 기억해야 합니다.

예수 그리스도께서는 그의 가르침을 실천하셨습니다.

예수 그리스도께서는 입으로만 가르친 것이 아니라 그것들을 몸소 실천하신 분이셨습니다. 그렇다면 우리는? 학생들에게는 공부하라 들들 볶으면서 스스로는 공부하고 연구하는 생활 태도를 보이고 있습니까? 배움과 가르침의 즐거움을 되찾았습니까? 학생들에게는 금연을 하라, 법규를 지켜라, 쓰레기를 버리지 말라고 하면서 우리 자신들은 어떠합니까? 학생들은 우리의 생활 태도에서 알지 못하는 사이 조금씩 우리들을 닮아가고 있다는 사실을 기억하기 바랍니다.

마지막으로 예수 그리스도께서는 그의 백성을 위하여 희생하셨습니다.

성광의 교사들 가운데 많은 분들이 알게 모르게 제자들을 위하여 자기 자신을 불태우고 있음을 알고 있습니다. 우리 교사들이 사랑을 가지고 제자들을 위하여 희생적인 정신으로 임할 때 교육 현장 속에서는 작은 기적들이 일어날 것임을 확신합니다.

배움의 즐거움을 잃은 젊은이들, 기성세대의 잘못된 관행에 오염되어 가고 있는 젊은이들을 바르게 교육하는 데는 영양실조에 걸려 있는 현 교육 제도로는 불가능합니다. 입시 제도의 변화, 교사 정년 단축, 수혜자 교육, 7차 교육과정 등과 같은 발상으로는 교육의 근본 문제를 해결하지 못합니다. 우리 모두가 예수 그리스도의 삶의 자세로 돌아가야 합니다. 우리 스스로 다음 5가지를 자문해 봅시다.

1) 재물이나 명예나 권력의 유혹에도 넘어가지 아니할 투철한 사명감을 갖는 것이 진정으로 불가능한 것일까?

2) 우리 젊은이들이 갖고 있는 고민을 꿰뚫어 보고 그들과 함께 고통스러워하고 같이 울고 같이 기뻐하는 것이 진정으로 불가능한 것일까?

3) 작은 일에도 충성하는 일이 진정으로 불가능한 것일까?

4) 가르친 것을 행동으로 옮기는 것이 진정으로 불가능한 것일까?

5) 제자를 위하여 사랑으로 희생하는 것이 진정으로 불가능한 것일까?

만일 우리 모두가 이 질문에 하나만이라도 긍정적인 대답을 할 수 있다면 예수 그리스도의 발자취를 따라가는 좋은 시작이라 생각합니다. 하나가 둘이 되고 둘이 넷이 되며 넷이 다시 여덟이 되는 것이기 때문입니다. 이렇게 될 때 참교육이 성광에 정착되며 우리가 성경 말씀 위에서 계획하고 행하는 모든 것들이 뛰어난 결실을 가져와 명실공히 성(聖)스럽게 빛(光)이 나는 학교가 되어 하나님께 영광 돌리는 우리의 비전이 달성되리라 믿고 있습니다. 예수 그리스도를 교사의 모델로 삼고 이를 위하여 간절히 기도하는 우리들에게 하나님의 축복이 늘 함께 하시기를 기도드립니다.

내 양을 먹이라

성광 기독 교사 세미나(2004. 9. 14)

　50여 년 전 이 학원에 뿌려졌던 겨자씨만한 믿음이 싹트고 꽃을 피워 풍성한 결실을 맺어가고 있는 모습을 봅니다. 양교의 활발한 복음화 활동이 바로 그것입니다. 이 복음화 활동의 바탕에는 많은 기독교사들의 주님을 향한 뜨거운 열정이 있음을 알고 있습니다. 바쁜 학교의 일정 가운데 시간을 쪼개어 제자들의 발을 씻어 주며 주님의 말씀을 실천하고 있는 선생님들의 헌신과 열정에 깊은 감사를 드립니다.

　이러한 시점에 저는 모든 선생님들과 함께 하나님께서 우리에게 주신 사명이 무엇인지를 되새기고, 학원복음화의 차원에서 우리가 나아갈 방향을 밝혀보고자 합니다. 하나님께서 우리에게 과연 어떤 사명을 주셨는지에 대한 해답은 요한복음 21장 15절에서 17절에 나와 있습니다.

> 저희가 조반을 먹은 후에 예수께서 시몬 베드로에게 이르시되, 요한의 아들 시몬아 네가 이 사람들보다 나를 더 사랑하느냐 하시니 가로되 주여 그러하외다 내가 주를 사랑하는 줄 주께서 아시나이다. 가라사대 **내 어린 양을 먹이라.**
> 또 두 번째 가라사대 요한의 아들 시몬아 네가 나를 사랑하느냐 하시니 가로되 주여 그러하외다 내가 주를 사랑하는 줄 주께서 아시나이다. 가라사대 **내 양을 치라** 하시고
> 세 번째 가라사대 요한의 아들 시몬아 네가 나를 사랑하느냐 하시니 주께서 세 번째 네가 나를 사랑하느냐 하시므로 베드로가 근심하여 가로되 주여 모든 것을 아시오매 내가 주를 사랑하는 줄을 주께서 아시나이다 예수께서 가라사대 **내 양을 먹이라**(요한복음 21장 15-17절)

예수께서 십자가에 못 박히시기 전날 밤 예수님을 모른다고 세 번이나 부인한 베드로에게 예수님은 부활 후 그를 찾아가 "네가 나를 사랑하느냐?"라고 세 번 물으셨습니다. 예수님은 베드로에게 첫 번째와 두 번째 질문에서 아가페($\alpha\gamma\alpha\pi\varepsilon$, 하나님의 사랑) 의 사랑을 하는지 물었습니다. 그러나 베드로는 두 번 모두 필레오($\Phi\iota\lambda o\varsigma$, 친구간의 사랑)의 사랑으로 대답했습니다. 세 번째는 주님도 베드로의 수준에 맞춘 사랑을 질문하여 베드로의 사랑과 부합시켰습니다. 베드로가 세 번 부인한 것을 의식해서 세 번 물으셨는데 베드로는 "예"라고 대답했으며 주님은 그를 용서하고 그에게 자신의 양을 먹이라고 말씀하셨습니다.

그러면 여기서 주님이 먹이라고 하신 '양'은 무엇으로 정의할 수 있겠습니까? '양'을 무엇으로 보느냐에 따라 '선교분야(Mission Field)'가 달라질 것입니다. 우리 성광학원에 있어서 '양'은 일차

적으로는 우리 선생님들이 교육하는 학생들이 될 것입니다. 성광학원으로 들어오는 모든 학생들은 하나님께서 우리에게 보내주신 양떼입니다. 그 학생들을 다시 주님을 영접하게 하는 일도 우리들의 사명인 것입니다. 해마다 600명씩 하나님을 영접하는 새로운 영혼들을 더욱 잘 양육하기를 주님은 명령하신 것입니다. '양'의 의미를 더 확장시킨다면 성광학원의 모든 교직원들도 포함될 것입니다. 먼저 믿은 자들은 정말 바르게 하나님을 믿음으로써 우리에게 주어진 양떼를 먹이는데 동참할 수 있도록 인도해야 할 것입니다. 이렇게 본다면 '양'은 성광학원의 모든 학생들과 교직원을 의미하는 것으로 볼 수 있을 것입니다.

하나님이 주신 양떼를 먹이려면 어떤 것이 필요하겠습니까? 현대 사회는 다변화, 국제화의 방향으로 나아가고 있습니다. 개인은 점차 개별화되고 개인주의적이 되고 있습니다. 그러나 현대사회일수록 함께하는 공동체 작업이 필요합니다. 우리 기독교인들 중에는 일요일에만 신앙에 충실하고 평일에는 잊어버리는 일요일형, 필요할 때만 하나님을 찾는 기회주의형, 진정으로 삶의 현장에서 '선교분야(Mission Field)'를 찾아 충심을 다하는 신실형이 있습니다. 신실형 중에서도 혼자서 모든 사명을 감당하려는 사람들과 동역하여 그 중에 더 큰 힘을 발휘해나가는 사람들이 있습니다. 하나님의 일을 위해서는 진정한 신실형, 그 중에서도 동역하여 하나님의 일을 해나가는 '공동체 사역(Team Ministry)'의 SKF가 필요합니다.

SKF는 동역자끼리의 상호존중, 신뢰와 사랑, 가치관의 공유와 같은 비전을 향한 공감대가 있어야 할 것입니다. 우리 학교의 '공동체 사역(Team Ministry)'의 SKF에 동참하는 지체들은 기독교사들과 그들을 교육하는 모교회(母敎會)가 그에 속할 것이며, 본교 교목 및 각 교회에서 파송하신 목사님들과 성광교회가 될 것입니다. 이 중 기독교사들과 목사님들은 복음화를 위한 최전방 전사들이 될 것이며 성광 교회와 모교회는 최전방 전사를 후방에서 지지하고 후원하게 될 것입니다.

성광학원의 진정한 공동체 사역을 위해서는 각 요소들이 각자의 위치에 합당한 역할을 하고 그 역할을 위한 훈련을 해야 합니다. 각 요소들 중 기독교사의 역할과 그 훈련이 가장 중요하다고 생각합니다. 중학교와 고등학교를 통틀어 69학급을 담당할 수 있는 목자를 훈련하는 것이 급선무입니다. 예수님께서 열두 제자를 전도를 위해 파송하신 후 다시 70인을 파송하신 것처럼 69학급을 온전히 하나님께로 인도할 수 있는 기독교사 70여 명이 필요합니다. 우리 학원의 132명 교사 중 하나님을 영접한 분이 100여 분 계시고, 양을 먹이는 일에 힘쓰며 스스로 목자 훈련에 동참하시는 스무 분의 선생님들이 계십니다. 이제 양을 직접 먹이는 교사가 스무 분에서 점점 늘어나 일흔여 분이 되기를 소망합니다. 이러한 일흔 분의 목자가 모이기 위해서는 선배 기독교사들의 적극적인 참여 유도와 기도가 있어야 할 것입니다.

기독교사들의 영적 성장과 발전을 각자의 모교회에서 뒷받침해주어야 할 것입니다. 기독교사가 진정 성장하기 위해서는 끊임없이 주님의 말씀을 배우고 스스로 체화시켜야 하는데 그 역할을 담당해 주어야 할 곳이 바로 모교회인 것입니다. 이에 발맞추어 우리 학원의 교목들의 기독교사 양육도 더욱 박차를 가해야 할 것입니다. 우리 학원의 목자들을 양육하는 역할을 우리 학원의 교목들께서 해주어야 할 것입니다. 이러한 전반적인 활동을 원활하게 할 수 있도록 도와주는 역할을 성광교회가 해야 한다고 생각합니다. 성광교회는 양을 먹이는 양육장의 기지(基地, base camp)가 되어야 할 것입니다. 즉, '수고하고 짐진 자'들이 휴식이 필요할 때, '수고하고 짐진 자'들이 좌절하고 실망했을 때 찾아가 따뜻한 위로를 받고 새 힘을 넘치도록 받을 수 있는 장소가 되어야 할 것입니다. 성광교회가 그러한 역할을 다하기 위해서 앞으로 더욱 진지한 논의가 이루어질 것입니다.

성광학원의 복음화가 더욱 발전하기 위해 앞에서 강조했다시피 기독교사 훈련의 강화, '공동체 사역(Team Ministry)'의 실현, 성광교회의 복음화 기지로서의 역할 강화가 이루어지기를 간절히 소망합니다. 모든 것이 합하여 선을 이루어 예수 그리스도께서 우리 학원을 통해 뜻하신 바가 이루어지기를 간절히 기도합니다. 주님께서 '그럼 내 어린 양을 먹이라, 그럼 내 양을 치라, 그럼 내 양을 먹이라' 하실 때에 '네'라고 확신에 찬 대답을 할 수 있는 여러분과 제가 되기를 바랍니다. 이렇게 할 때 지식과 지혜의 교육이 동시에 이루어져 우리 학원의 학력도 신장되고, H.S.E 운동도 정착이 되어 무엇을 하든지 뛰어난 일을 하여 하나님께 영광 돌리는 학원이 되리라 믿습니다.

성광학원의 인성 교육

성광중 교우지 치사 「성맥」 5호(2005)

> 지혜는 그 얻은 자에게 생명나무라. 지혜를 가진 자는 복 되도다(잠언 3:18)

성광인 여러분! 이제 2004학년도를 마무리하는 시기에 이르렀습니다. 돌이켜보면 지난 해 우리 성광학원은 쉬지 않고 끊임없는 발전을 해 왔습니다. 『성광50년사』를 잘 마무리했고, 고등학교에서 전 과목 연구실 운영이 금년에 처음으로 시도되는 등 우리 학원은 우리의 비전을 달성하기 위하여 계속 앞을 향해 나가고 있습니다.

그러나 눈을 잠시 성광학원의 바깥으로 돌려보면 암담한 생각이 들 때가 하루에도 여러 번 있습니다. 오늘의 우리나라 현실을 보면 우리나라는 내적으로 외적으로 여러 가지 역사적인 귀로에 서 있으면서 앞으로 어느 방향으로 갈지 그 불확실성이 어떤 때보다 심각하게 느껴집니다. 이러한 불확실성과 광명의 빛이 보이지 않는 현실이지만 오늘도 내일을 위하여 인재(人材)의 나무를 한 그루 한 그루 심고 있는 여러분들께 감사를 드립니다. 일제시대의 사학(私學)은 민족의식을 가진 인재 나무들을 심었습니다. 일제 시대와 근본적으로 다른 사회 즉 국제화, 무한의 경쟁시대, 정보화 시대, 가속되어 가는 지식과 기술의 축적 시대, 남북 분단의 시대 살고 있는 오늘 우리는 어떠한 인성을 가진 인재의 나무들을 심고 가꾸어가야 할 것인가 자문해 봅니다. 이 무거운 명제를 모두 다룰 수는 없지만 우리가 현재 하고 있는 일들과 앞으로 더욱 해야 할 일들에 대하여 생각을 정립하고 그 나갈 방향은 제시 할 수 있다고 믿습니다.

먼저 인성교육은 무엇입니까? 많은 사람들이 우리나라는 인성교육이 되지 않고 있다고 하고 있습니다. 인성교육의 정의, 인성교육과 인간교육의 차이점, 인성과 인격, 성격이라는 개념의 관계에 대한 것에 의문을 가지고 문제를 다루기 위하여 지난 4월부터 저는 양교 교장·교감 선생님, 교사 선생님들과 브레인 스토밍(brain storming)을 하여 생각을 모아보았습니다. 여기에 대한 우리 학교 선생님들의 대다수는 인성교육의 넓은 의미는 인간 교육이라 보고 있으며, 좁은 의미로는 지식 교육과 대비해서 지식과 기술을 올바르게 사용할 수 있는 마음의 자세에 관한 지혜 교육으로 보고 있습니다.

넓은 의미의 인간 교육은 하나님형상의 회복입니다. 넓은 의미에서 인성교육을 '인간 교육'이라 한다면 먼저 '인간'은 무엇이냐에 대한 해명이 필요한데, 성경에서 말하는 '인간'은 하나님께서 창조하신 이성적인 피조물로서 하나님의 형상을 따라 창조되어 하나님께서 창조하신 다른 모든 피조물들을 다스리고 관리하는 권한을 받은 아주 귀한 존재일 뿐 아니라 하나님께서 이 땅에서 하고자 하시는 일을 대행 맡은 막중한 임무도 부여받은 존재인 것입니다. 이렇게 우리 인간은 하나님의 형상으로 만물 중에 가장 존귀하게 창조함을 받았으나 불순종에 의해 타락하여 우리 마음속에 사탄의 씨앗이 뿌려져 그 죄악의 덩굴이 자라나 하나님 형상의 새싹을 덮어 버림으로 하나님의 형상을 잊어버리게 되었고 동시에 우리에게 맡긴 세계도 혼란에 빠지게 되었습니다. 따라서 진정한 인성 교육 또는 인간 교육은 잊어버린 하나님의 형상 회복에 초점이 맞추어 주어야 하며 하나님 형상의 회복은 하나님 형상의 씨앗을 감싸고 있는 죄악의 가시덩굴을 제거하여야 되는데 이를 우리 인간들의 힘으로는 할 수 없다고 생각합니다. 이를 할 수 있는 것은 그리스도의 보혈의 피 밖에는 없다고 믿고 있습니다. 여기에 우리학교 복음화의 중요성이 있는 것입니다.

좁은 의미의 인성교육은 지식과 기술을 올바르게 사용하게 하는 지혜의 교육입니다. 지식과 기술을 사회와 인류를 위하여 즉 모든 피조물들을 올바르게 다스리기 위하여 올바르게 사용 할 수 있는 것이 지혜의 교육입니다. 오늘날 우리 사회의 현대 교육은 지식을 중시하며 또는 더 나아가 지식만이 모두인 양 착각하고 있습니다. 물론 미래사회는 고도의 지식과 과학 기술을 더욱더 요구하고 있는 것도 사실입니다. 지식과 기술이 많아지면 많아질수록 그들의 올바른 사용과 적용을 할 수 있는 지혜가 더욱 중요하게 됩니다. 저는 실용적인 인성교육의 실마리를 이 지혜의 교육에서 찾아야 하리라 믿습니다.

따라서 넓은 의미와 좁은 의미의 인성 교육을 하나로 묶어 인성교육을 정의한다면 '**인성교육은 잊어버린 하나님의 형상을 찾아 우리가 세상에서 배운 지식을 바로 쓸 수 있게 하는 지혜의 교육**'이라고 할 수 있습니다.

지혜는 참 고귀한 것입니다. 잠언 3장 13절에서 17절까지 보면 "지혜를 얻은 자와 명철을 얻은 자는 복이 있나니 이는 지혜를 얻는 것이 은을 얻는 것보다 낫고 그 이익이 정금보다 나음이니라. 지혜는 진주보다 귀하니 너의 사모하는 모든 것으로 이에 비교 할 수 없도다 그 우편 손에는 장수가 있고 그 좌편 손에는 부귀가 있나니 그 길은 즐거운 길이요 그 첩경은 다 평강이니라."라 하고 있습니다. 18절에서는 모두를 요약하여 "지혜는 그 얻은 자에게 생명 나무라 지혜를 가진 자는 복 되도다."라 하고 있습니다. 왜 이렇게 지혜가 중요한 것입니까? 지혜는 지식의 바른 사용을 말해 주는 것이며 지혜는 그 근원을 하나님께 두기 때문입니다.

지혜는 우리로 하여금 비전과 꿈(Dream)을 갖게 하고, 온전한(Integrity) 삶의 길을 보여주며, 삶을 살아가는데 사명감과 열정을(Passion) 갖게 하고, 긍휼과 자비로운 마음을 갖게 하고(Compassion), 겸손하고 온유한 자가 되게 하며(Humility), 협력하여(Team Work) 선을 이루는 역사가 일어나게 하며 삶을 즐거운

(Enjoyment) 마음으로 살게 해주는 힘이 있습니다. 저는 이 일곱 가지의 지혜열매를 저의 생활 신조로 삼고 살아 왔으며, 실패할 때도 있지만 그렇게 살려고 노력하고 있습니다.

성광 학원 140여 명 선생님의 생활신조도 7가지 지혜의 열매 범주에서 설명 할 수 있습니다. 모든 분들이 이 일곱 가지 열매의 뜻을 잘 알고 있었기에 여기서는 꿈, 비전, 삶의 목적에 대하여 잠시 검토 해보고 이 일곱 가지 열매가 어떠한 연관 관계를 맺고 있는지 검토해 보고자 합니다.

꿈은 삶의 방향을 제시하고 삶의 원동력이 되며 꿈이 있기에 우리의 비전도 확립 할 수 있으며 삶의 목적도 비교적 명확하게 세울 수 있다고 생각합니다. 꿈이 없는 삶은 조타수를 잊어버린 바다 위에 떠있는 배와 같으며 나침반이 없이 사막에서 행진하는 것과 같다고 하겠습니다. 우리는 이 세상에 태어날 때 하나님께서 주신 사명을 갖고 태어났습니다. 우리의 꿈이 하나님의 원하심과 일치 할 때 그 힘은 위력을 발휘하게 됩니다. 고등학교 다닐 때까지 저의 꿈은 훌륭한 법관이나 의사가 되는 것이었습니다. 그러나 남자로 태어났으면 세계를 무대로 마음껏 뜻을 펼 수 있어야 한다는 어머님의 말씀이 마음에 닿았으며 또 고3 때는 나라의 부가 어떻게 창출되느냐 경제 성장은 어디서 시작하는 것이냐 기업이나 국가의 경쟁력의 원동력은 무엇인가에 대한 해답을 얻어 이를 실행함으로 조국 발전에 크게 이바지 하겠다는 꿈을 갖게 되면서 법관이나 의사에 대한 꿈은 접었습니다. 대학을 졸업할 때 서울 대학교에서 국비 장학생으로 미국의 Minnesota 대학에 유학 보내 나중 서울대학교에 교수로 초빙하겠다는 제안을 거절한 이유도 조국 산업 발전에 기여하겠다는 저의 꿈과 맞지 않았기 때문이었습니다. 미국 유학 시절이나 Tufts 대학교에서 가르칠 때나 또 미국 회사에서 일할 때도 항상 마음속에서 기업이나 국가의 경쟁력과 성장의 원동력이 어디에서 비롯되는지에 대한 끊임없는 질문을 했습니다. 50대가 되어서 많은 경험을 한 후 그 해답은 기술도 아니고 System도 아니라 바로 한 단체를 이끌고 있는 지도자의 바른 꿈과 비전과 신념이며, 그 단체를 구성하고 또 지도자를 뒷받침하고 있는 사람 즉 '인재'라는 것을 깨닫게 되었습니다. 능력 있고 지혜로운 인재가 바로 기술이고 System인 것입니다.

우리나라는 젊은이들이 꿈과 희망과 비전을 갖지 못하며 미래에 대한 자신감의 결여와 무기력증을 앓고 있는 듯 합니다. 성광의 가족 여러분 여러분들의 꿈은 무엇입니까? 2400년 전 고대 아테네 시민은 19살이 되면 이런 맹세를 했답니다. "우리는 혼자 있으나 모여 있으나 이 도시의 이상과 숭고함을 위해 싸울 것이다. 우리는 선조에게서 물려받은 것보다 더 위대하고 더 훌륭하고 더 아름다운 도시를 후손에게 물려줄 것이다" 이 얼마나 멋진 꿈과 비전 또는 시민 정신입니까?

지금 50대 중 후반의 우리 학교 선생님들이 30대의 젊었을 때 아테네 시민의 꿈과 정신이 있었던 것은 우리 학교 50년사에 잘 나타나고 있습니다. 저는 "혼자 있으나 모여 있으나 성광의 비전 달성을 위하여 혼신의 힘을 모두 쏟을 것이다 선배들에게 물려받은 이 성광을 더 훌륭한 학교로 만들어 우리 후배들에게 물려 줄 것이다."라는 꿈을 가지고 있습니다. 우리 모두가 대한민국 아니 세계에서 가장 모범적인 학교로 만들고, 교사 자신은 세계에서 가정 훌륭한 교사가 되어 학생들로부터는 존경을 학부모로부터는 사랑을 받는 교사가 되겠다는 꿈을 가지고 있습니까? 꿈이 없는 인생은 동물세계의 삶과 별 차이가 없으며 결단코 행복한 보람 있는 생을 가질 수 없다고 저는 생각합니다. 학생 여러분은 꿈을 가지고 있으며, 이 학원에 들어올 때 갖고 있던 각오와 꿈을 위해 노력하고 계십니까? 한양대 경제학부 정기인 교수는 얼마 전 "기죽은 모범생보다 기가 살아 있는 꼴찌가 성공한다. 나는 수십 년 간 학생들을 가르쳐 보았지만 성실하고 모범생이었던 제자들은 지금 간 곳이 없다. 정답에만 익숙한 모범생들은 대개 좋은 대학 일류 대학 입학 자체가 공부의 목적이고, 인생의 원대한 비전과 꿈이 없기 때문이다. 비전 없는 일류병은 퍽 위험한 것이다."라는 말을 했습니다. 귀담아 들어야 될 명언이라 생각합니다. 오늘날 수능시험 친 후 고3의 교육이 소멸 된 것도 공부하는 학생이나 가르치는 학교나 우리 모두가 고등학교의 지식 교육이 원대한 꿈과 비전에 맞추어 진 것이 아니고 오직 대학 입학 자체에 그 목적을 두었기 때문이 아닌가 자문해 봅니다. 반성하여야 할 부분입니다. 우리 모두 각자의 꿈과 비전과 삶의 목적을 다시 한번 정립하는 계기가 되기 바랍니다.

　나머지 온전한 삶(Integrity), 열정(Passion), 긍휼(Compassion), 겸손(Humility), 팀워크(Team Work), 즐거움(Enjoyment) 등에 대하

여는 하나씩 설명하지 않고 이들의 연관 관계만을 검토해보겠습니다.

꿈, 온전한 삶, 열정 이 세 가지는 내 중심에서 그 출발점이 있으며 긍휼과 자비, 겸손, 팀워크는 나와 너와의 관계에 그 주된 점이란 것을 지적하고 싶습니다. 아무리 아름다운 꿈을 가지고 있다 하더라도 '온전한 삶'이 전제되지 않은 꿈은 진정한 꿈이 아닌 허상의 꿈이 되기가 쉽습니다. 아무리 좋은 꿈과 '온전한 삶'이 전제되었다 하더라도 '열정'이 없으면 꿈을 이룩할 수 없을 것입니다. 문제는 이 3가지를 모두 갖고 있다 하더라도 '긍휼'이 없으면 가진 지식을 잘못 쓸 가능성이 있는 것입니다. 이 4가지를 모두 갖춘다 하더라도 자칫하면 자기만이 옳다고 생각하는 오만에 빠지기 쉽습니다. 여기에 '겸손'의 중요성이 들어오게 되는 것입니다. 이 모든 것을 갖춘 인격자라 하더라도 우리의 지식과 기술을 바로 사용하는데 자기 혼자의 힘만으로는 부족할 경우가 많이 있게 마련입니다. '팀워크'는 함께 협력하여 선을 도모하는데 활력소가 되는 것입니다. 이 여섯 가지를 모두 겸비하였다 하더라도 하나님이 창조하시고 그 아름다운 것을 보시면서 기뻐하셨던 그의 창조물과 함께 즐겁게 살 수 없다면 이 또한 불행한 삶이라 하겠습니다.

학생들은 자신이 좋아하거나 존경하는 사람의 행동을 모방하기를 좋아하며 또 자신이 그와 같은 사람이 된 것처럼 짐짓 행동하기도 합니다. 이와 같은 동일시의 대상은 학생들의 주변 인물이 주로 선정되는데 교사가 중요한 모델이 될 수 있습니다 오늘 본문 말씀 "지혜는 그 얻은 자에게 생명 나무라. 지혜를 가진 자는 복 되도다." 하신 말씀은 지혜의 중요성을 잘 표현해 주고 있습니다. 우리 모두가 이 7가지 지혜의 열매들을 얻을 수 있도록 노력하며 학생들에게 귀감이 되어 우리는 예수 그리스도를 통해 하나님의 형상을 찾아 지식과 지혜가 잘 조화된 인재의 나무들을 심고 가꾸어 나가야 할 것입니다. 또한 학생들도 선생님을 귀감으로 삼아 올바른 인성을 기르는데 게을리하지 않아야 할 것입니다.

이렇게 하여 우리의 비전을 달성하기 위하여 매진하는 저와 여러분들이 되고, 이렇게 되기로 노력하는 여러분들께 하나님의 은총이 함께 하시기를 기원하면서 이만 맺겠습니다.

행복한 삶의 지혜

성광고 교우지 치사 「聖光」 46호(2006)

우리는 모두 행복한 삶을 원합니다. 많은 사람들은 부와 권력, 명예를 얻으면 행복할 수 있다고 생각합니다. 그러나 미국 Enron사의 최고 경영자는 한때 미국 7대 기업으로 성장하여 큰 부를 창조하긴 하였지만 결국 파산하고 유죄 판결을 받았을 뿐 아니라 심장 마비로 사망하고 말았습니다. 한때 권력의 상징이었던 나폴레옹, 히틀러의 말로를 보면 권력도 행복의 기관차가 되지 못한다는 것을 알 수 있습니다. 또한 줄기 세포로 세계적인 각광을 받았던 황우석 교수가 연구 과정의 정직성 시비에 휘말려 지금은 불명예의 상징이 되어 버린 것을 보면 명예도 행복의 완전한 조건이 될 수 없다는 것을 알 수 있습니다. 부나 권력이나 명예는 삶의 편리함과 질을 올리는데 필요조건은 될 수 있을지언정 행복한 삶의 충분조건은 되지 못한다는 생각을 하게 됩니다.

그러면 우리는 무엇을 통해서 행복한 삶을 살 수 있을까요? 이를 얻을 수 있는 지혜는 없을까요? 저는 "여호와를 경외함이 지혜의 근본이니라."라는 말씀을 통해 해답을 얻고자 합니다. 이 어려운 과제가 어쩌면 하나님 입장에서 보면 비교적 간단할지 모르겠습니다. 하나님을 경외할 때 즉 하나님을 진정으로 공경하고 두려워하는 마음이 있을 때 우리는 하나님의 뜻이 무엇인가 생각하게 되고, 하나님의 뜻을 이해하게 되면 그분의 뜻을 이행하려고 노력하게 되고 이것이 바로 지혜의 근본이며, 지혜의 시작이 된다는 것입니다.

무엇보다도 행복한 삶의 지혜는 기독교의 '창조 신앙'에서 시작된다고 믿습니다. 창조 신앙의 기초는 '하나님께서는 우리 인간들을 자기의 형상대로 창조하셨고, 우리에게 모든 피조물을 다스리는 권한을 부여하셨으며, 모든 피조물들을 다스릴 수 있도록 각자에게 적절한 능력과 재능을 부여하셨으며, 인간을 통해 하나님의 뜻을 펴고자 하시며, 우리 모두가 행복하게 살기를 원하신다는 사실을 믿는 것'입니다.

하나님께서 우리를 하나님의 형상대로 창조하셨다는 말에는 우리의 마음속에 양심의 씨앗을 심어 주셨다는 뜻이 포함되어 있습니다. 양심은 사물의 가치를 변별하고 자기의 행위에 관하여 선을 취하고 악을 물리치는 하나님께서 주신 마음의 힘인 것입니다. 하나님께서는 이 양심의 씨앗이라는 매개체를 통해 지금도 우리에게 말씀하고 계십니다. 우리가 하나님 소리를 듣지 못하는 것은 하나님의 말씀이 아닌 세상의 유혹에 우리의 마음을 집중하고 있기 때문이라고 생각합니다. 우리가 진정 행복한 삶을 누리려면 우리는 하나님께서 우리의 양심을 통하여 하시는 말씀을 듣고자 노력하고 이를 듣는 지혜가 필요합니다.

우리는 어떻게 하면 하나님의 말씀을 들을 수 있겠습니까? 하나님의 목소리를 듣고자 한다면 이를 듣기를 원하는 간절한 마음을 가지고 명상의 시간을 가져야 합니다. 명상할 때는 성경 말씀을 묵상하며 기도하는 마음으로 그분의 음성을 듣도록 노력해야 합니다. 기도는 우리의 소망을 하나님께 아뢰는 도구이며, 명상은 하나님의 목소리를 듣는 수단이기 때문입니다. '하나님께서 주신 나의 사명이 무엇인가?', '나의 삶의 목적이 무엇인가?', '어떻게 사는 것이 하나님께서 기뻐하시는 삶일까?' 등을 질문하면서 그 해답을 하나님께 간구하는 마음으로 기도하며 성경 말씀을 묵상한다면 불현듯 마음 깊은 곳에서 양심의 소리가 들리기 시작할 것입니다.

우리는 양심의 소리를 통하여 두 가지 말씀을 들을 수 있을 것입니다. 첫째는 누구에게나 일생을 통하여 변하지 않는 삶의 목표입니다. 즉, 하나님을 기쁘시게 하는 삶, 하나님의 영광을 나타나게 하는 삶, 예수 그리스도를 닮아가는 삶이 그것입니다.

둘째는 삶의 목표를 위해 걸어가야 할 방향입니다. 그 말씀을 통해서 우리는 하나님이 주신 달란트를 발견하고 우리의 소명을 깨달을 수 있습니다. 그 깨달음을 통해 자신의 달란트를 최대한 개발하여 인류에 하나님의 나라가 임하는데 우리 모두가 동참해야 할 것입니다. 부와 권력과 명예도 하나님의 영광을 나타내기 위한 도구로 사용되어야 할 것입니다. 특히 젊은이들을 양육하는 재능을 받은 교사들은 더 말할 나위가 없습니다.

　우리를 통하여 나타내고자 하시는 하나님의 계획이 무엇인지 그 목소리를 듣고 그 계획대로 노력해야 할 것입니다. 제 인생을 돌아보면 그동안의 경험 중 성취든 고통이든 하나도 헛된 것이 없고 하나님께서 이 모든 것을 합하여 다음의 일이 이루어지도록 하신 것을 깨달을 수 있었습니다. 이것을 깨달으면 현재의 고통도 다음의 성취를 위하여 달게 받으며 기쁜 마음으로 감수할 수 있을 것입니다.

　하나님의 목소리를 들으며 하나님께서 주신 재능을 최대한 발휘하여 우리가 무슨 일을 하든지 뛰어난 일을 하여 주님의 영광을 나타내기를 소망합니다. 우리 모두가 하나님께서 기뻐하시는 삶, 그리고 그리스도를 닮아가는 삶이야말로 부와 권력과 명예가 따르지 않는다 하더라도 진정한 행복한 삶이란 것을 깨닫기를 원합니다. 이렇게 살기를 원하는 우리 모두에게 하나님의 은총이 함께 하시기를 기원합니다.

하나님이 기뻐하시는 삶

「성광의 아름다운 선교 이야기」 1호(2009년)

하늘로부터 소리가 있어 말씀하시되 이는 내 사랑하는 아들이요 내 기뻐하는 자라 하시니라.(마태복음 3:17)

우리 학교 정문 입구에 "한 사람의 영혼이 온 천하보다 귀하다."라는 표어가 있습니다. 몇 년 전만 하더라도 교육청에서 지시해 학교 정문 입구에 "창의적이고 민주적인 세계시민을 기른다."란 표어를 가지고 있었습니다. 저는 이것을 볼 때마다 한때 세계를 누비면서 살아왔던 저로서는 무슨 뜻인지 잘 알 수가 없었습니다.

교장선생님들에게 물어 보았더니 교육청 지시라 하며 이렇게 하지 않으면 학교가 불이익을 받는다 하여 놀란 일이 있었습니다. 저는 불이익을 받는 일이 있더라도 이사장인 내가 잘 이해 못하는 이 구절을 제거하고 오늘 여러분들이 보신 "한 사람의 영혼이 온 천하보다 귀하다"라는 표어를 사용하게 했습니다. 참

재미있는 것은 오늘까지 이 표어 때문에 학교가 불이익을 받은 일은 한 번도 없다는 것입니다. 이 표어는 우리 성광학원의 복음화를 잘 나타내고 있습니다.
　성광학원은 57년 전 6.25 동란으로 배움의 기회를 잃어버리고 방황하고 있는 젊은이들에게 하나님의 말씀을 토대로 하여 중등교육을 실시하기 위하여 저의 선친께서 대구 북구 칠성 벌판에 최초로 설립한 학교입니다.

　그후 1993년에 대구 칠성동에서 대구 북구 복현동으로 이전하여 우리 학교는 학교 전경이 아주 빼어나고, 현대식 건물과 알찬 교육시설을 갖는 학교가 되었습니다. 중학교 30학급, 고등학교 36학급으로 총 66학급, 2300여 명의 학생과 140여 명의 교직원

으로 구성되어 있습니다.

　현재 우리나라의 공교육은 시험 잘 치는 교육만 있고 영혼이 없는 교육의 장이 되어 버리고 말았습니다. 인성교육은 사라지고 영혼이 메말라 가는 학생들을 만들고 있는 현실입니다. 특히 오늘날 우리가 처해 있는 사회는 국제화, 무한의 경쟁시대, 정보화시대, 가속화되어가는 지식과 기술의 축적 및 융합의 시대, 남북 분단의 시대, 종교 간의 갈등, 민족 간의 갈등, 문명의 충돌 등 미래를 예측하기 힘든 불안의 시대를 살아가고 있습니다. 이러한 때에 우리나라 중등교육은 이를 극복할 수 있는 영적으로 정신적으로 강인한 젊은이들을 양육하지 못하고 입시교육에 얽매여 내신 성적 몇 점에, 수능 성적 몇 점에 울고 웃는 나약한 젊은이들을 양산하고 있는 현실입니다. 영혼이 없는 교육(Education without Soul)의 길을 가고 있습니다. 이러한 상황 속에서 성광학원은 학원 복음화 즉 하나님 말씀만이 날로 황폐해져 가는 우리의 중등교육을 살리는 길이며 앞으로 전개될 지혜의 시대에서 우리 민족의 살길이라는 신념을 가지고 있습니다.

　우리 성광이 가지고 있는 꿈과 비전은 **젊은이들을 말씀으로 양육하여 무슨 일을 하든지 뛰어난 일을 하여 하나님의 영광을 나타내고 하나님께서 기뻐하시는 학원을 만드는 것입니다.** 우리는 성경 말씀을 통한 학원복음화를 토대로 하여 그 바탕 위에서 젊은이들이 세상 삶에서 필요한 경쟁력을 강화하기 위한 학력을 신장하고, H. S. E 즉 건강, 안전, 환경운동을 생활화 하는 것으로 그 축을 삼고 있습니다.

 오늘 말씀 말미에 그 비전에 대한 좀 더 상세한 설명과 하나님을 기쁘게 하려고 노력하는 학원 위에 하나님께서 어떠한 축복을 내리시는지 말씀드리도록 하겠습니다. 하나님께서는 자기의 뜻을 이 세상에 펴시는데 우리들을 통하여 역사하고 계시며 이러한 일에 우리가 올바르게 쓰임을 받으려면 우리의 생활태도나 삶이 하나님 보시기에 기뻐하시는 것이 되어야 한다고 생각합니다. 저희들 학원 비전의 궁극적인 목표는 하나님이 기뻐하시는 학원이 되는 것입니다. 하나님께서 이 세상에서 제일 기뻐하시는 조직은 바로 교회입니다. 따라서 저희 성광학원은 학원의 교회화와 성령 충만한 학원이 되기 위하여 노력하고 있습니다. 이러한 학원이 되려면 저를 포함하여 젊은이들을 교육하고 있는 모든 교사들과 직원들이 먼저 하나님께서 기뻐하시는 삶을 살아야 된다고 저희들은 믿고 있습니다. 우리가 어떤 자세로 삶을 살아야 하나님께서 기뻐하실까에 대한 질문에 하나님께서는 오늘 본문 말씀을 통하여 아주 명료하게 말씀해 주시고 계십니다. 예수그리스도께서 공생애를 시작하시기 전 세례요한으로부터 세례를 받으시고 물에서 올라오실 때 하나님께서는 예수님을 향하여 이는 "내 사랑하는 아들이요 내가 기뻐하는 자라." 고 하셨습니다. 하나님께서는 우리가 예수그리스도를 닮아가는 삶을 기뻐하신다는 말씀을 분명히 하고 계십니다. 저는 여러분들과 예수그리스도의 삶을 통하여 제가 깨닫고 제 삶에서 이를 실천하려 노력하고 있으며 우리 성광에서 모든 교직원들이 추구하고 있는 7가지 삶의 모습 중 시간 관계로 5가지를 통하여 오늘 여러분과 같이 은혜를 받고자 합니다.

예수그리스도를 닮아가는 5가지 삶의 모습

이 다섯 가지는 목적과 사명을 가진 삶, 열정이 있는 삶, 자비와 사랑이 있는 삶, 겸손한 삶, 협력하는 삶입니다. 이 다섯 가지 외에 예수그리스도께서는 온전한 삶, 정직한 삶, 성실한 삶을 나타내는 높은 Integrity를 가진 삶과 기쁠 때는 기뻐하시고 슬픈 일을 보고는 애통하신 그의 삶의 모습이 있습니다만 오늘은 말씀드린 바와 같이 시간 관계로 이를 생략하도록 하겠습니다.

이제 하나하나 짚어 나가겠습니다.
첫째, 예수그리스도께서는 이 세상에서 계실 때 하여야 할 일에 대하여 분명한 목적과 사명감을 가지고 계셨습니다.
예수그리스도의 삶을 살펴보면 그는 왜 이 세상에 오셨는지 이 세상에 계시는 동안 무엇을 하여야 하는지에 대한 분명한 목적과 이를 달성하려는 투철한 사명감을 가지고 계셨다는 것을 우리는 성경을 통하여 알 수 있습니다. 마태복음 4장 1절에서 11절에 나오는 40일 동안 광야에서의 금식 기도 후 당하신 마귀의 시험은 너무나 잘 알려진 사건입니다. 예수님께서 40일 동안 어떠한 주제로 기도하셨는지 성경은 말하고 있지 않아 우리들이 알 수는 없지만 마태복음 26장 37절에서 39절의 말씀을 통하여 유추해 볼 수는 있다고 생각합니다. 마태복음 26장 37~39절에 보면 잡히시던 날 겟세마네 동산에 기도하러 가실 때 고민하고 슬퍼하셨다 하였고 이어진 기도에 '내 아버지여 만일 할 만하시거든 이 잔을 내게서 지나가게 하옵소서. 그러나 나의 원대로 마옵시고 아버지의 원대로 하옵소서.'를 보면 십자가상에서 당하실 육체적 고통과 우리의 죄를 짊어져 죄인이 되어 하나님께 비록 순간적이지만 버림받을 영적 고통을 겪으셔야만 했던 그 고뇌가 잘 나타나 있습니다. 40일 동안 이 문제를 가지고 하나님 아버지께서 주신 그 사명을 완수할 수 있게 고민하며 간절한 기도를 하지 않았을까 생각해 봅니다.

40일 금식 후 허기지고, 외롭고, 쇠약해진 예수그리스도께 접

근한 마귀의 유혹은 참으로 교묘하다는 생각을 떨쳐 버릴 수 없습니다.

마귀의 시험 내용을 보면 돌을 떡으로 만들라는 재물의 유혹, 성전 꼭대기에서 뛰어 내려 인간들의 칭송을 받으라는 명예의 유혹, 마귀에게 엎드려 경배하면 천하를 주겠다는 권력의 유혹은 우리 인간들로서는 물리치기가 아주 힘든 유혹인 것입니다. 그러나 예수그리스도께서는 하나님 말씀으로 이 시험을 물리치십니다. 40일 간의 금식 기도 후 예수그리스도께서는 하나님께서 예수그리스도를 통해 죄 많은 우리 인간들을 구원하려고 하시는 십자가 사건의 뜻을 이루어야 하는 사명이 이 세상의 무엇과도 바꿀 수 없다는 것을 굳게 믿고 계셨기 때문이라 생각합니다. 우리는 이러한 예수그리스도의 목적의식과 사명감을 닮아가도록 노력하는 여러분과 제가 되기를 기원합니다.

여러분들의 꿈은 무엇입니까?

우리 모두가 각자의 꿈과 비전과 삶의 목적을 다시 한 번 정립하는 계기가 되기 바랍니다. 이때 우리가 기억해야 될 것은 우리의 목적 설정이 단순한 우리의 생각이 아니라 간절한 기도와 말씀을 묵상하면서 하나님께서 나를 통하여 하시고자 하는 뜻이 무엇인지를 생각하면서 우리 삶의 목적을 설정하여야 된다는 것입니다.

이것이 하나님을 영광스럽게 하고 그 분이 여러분을 통하여 하시려고 하는 그의 뜻에 맞는 꿈이라면 하나님께서는 여러분들에게 큰 축복을 내릴 것이며 여러분들의 일을 통하여 크게 기뻐하실 것입니다.

둘째, 예수그리스도께서는 무엇을 하든지 열정 즉 Passion 이 넘치는 분이었습니다.

아무리 좋은 꿈을 가지고 있다 하더라도 Passion 즉 열정이 없으면 꿈을 이룩할 수 없습니다. 예수그리스도의 삶은 열정 그 자체이었습니다. 유월절 때 성전 안에서 소와 비둘기 파는 사람들과 돈 바꾸는 사람들을 꾸중하시며 채찍으로 내어 쫓은 사건은 그 당시 사회적, 종교적 여건으로 봐서는 엄청난 사건이라 할 것입니다. 하나님 이름만 잘못 불러도 하나님 불경죄로 혹독한 시련을 당할 그 당시에 그 사회에서 존경받지 못하는 30대의 목수가 거룩한 성전에 들어와서 채찍을 휘둘렀다는 사건은 당대 종교 지도자들이 도저히 용납할 수 없는 사건이었습니다.

그러나 하나님 나라와 하나님의 뜻을 이루고자 하는 강한 열정이 있었기에 예수그리스도께서는 성전 청소의 일을 해 내셨습니다. 아울러 계속된 하나님나라의 선포와 제자 양육의 일들, 땀이 피 방울같이 떨어진 기도의 모습은 예수그리스도께서 그의 사명을 위하여 얼마나 열정적이었나 함을 잘 보여 주고 있습니다. 우리는 나이에 관계없이 세대 차이에 관계없이 우리 모두가 하늘나라에 갈 때까지 하나님의 뜻을 이 세상에 펴기 위하여 우리 각자가 세워 놓은 꿈과 목적을 달성하기 위하여 매일 매일 열정적으로 살아가야 할 것입니다. 우리는 연약한 사람이기 때문에 자칫하면 열정이 쉽게 식어져 버릴 수 있습니다. 그렇게 되지 않기 위하여 쉬지 않는 기도와 말씀 탐구 및 묵상의 생활이 있어야 합니다. 이것이 예수그리스도의 제자로서 그를 닮아가는 삶이며 하나님께서 기뻐하시는 삶이라 저는 믿고 있습니다. 그렇게 되는 저와 여러분들이 되기를 기원합니다.

셋째, 예수그리스도께서는 자비와 사랑이 충만한 분이었습니다.

우리는 아무리 훌륭한 삶의 목적과 열정을 갖고 있다 하더라도 자비와 사랑이 없으면 잘못된 길로 들어 갈 수 있습니다. 인류 역사상 또한 오늘날의 독재자들이 이러한 잘못을 저질렀고 또 저지르고 있는 것을 볼 수 있습니다. Hitler나 김정일 같은 독재자들을 보면 이들은 하나같이 자기 나름대로 개혁의 꿈과 이상 국가를 건설하겠다는 목적이 있다고 하며 자기들은 오류가 없고 완전무결하다고 주장하고 있으며 또 자기네들의 목적을 달성하기 위하여 물과 불을 두려워하지 않는 열정을 보일 때가 있습니다. 그러나 Hitler는 6백만 명의 유태인들을 학살했으며 김정일은 3백만 명의 인민들을 굶어 죽게 만들었고 지금도 많은 사람들을 강제 수용소에서 고통을 주고 있습니다. 예수그리스도께서는 사랑과 자비의 분이었습니다. 문둥병자, 중풍 병자, 앉은뱅이, 소경, 혈우병 등 모든 육체적인 질병뿐 아니라 죄를 사하시어 영적인 병도 고쳐주시고 죽은 자를 소생시키시며 오병이어의 기적 등을 통하여 배고픈 이들에게 배불리게 하는 기적도 행하셨습니다. 네 이웃을 네 몸과 같이 사랑하라 하시며 이를 실천하신 예수그리스도의 삶을 닮아가는 우리들이 되어야 되겠습니다. 이것이 하나님께서 기뻐하시는 삶이라 저는 믿고 있습니다.

넷째, 예수그리스도께서는 겸손한 분이었습니다.

우리가 하나님께서 기뻐하시는 예수그리스도의 삶인 꿈과 목적이 확실한 삶, 강력한 열정, 사랑과 자비를 갖춘 삶을 산다 할지라도 자칫하면 자기만이 옳다고 하는 자만에 빠지기 쉽습니다. 이를 피하기 위해서는 예수그리스도의 겸손함을 배워야 합니다. 손으로 만지기만 해도 병이 치유되고, 말 한마디에 몇 년 전 미국의 New Orleans를 강타한 Katrina 태풍, Indonesia를 뒤엎은 해일 같은 것을 조용히 할 수 있으며, 죽은 자를 일으키시며, 죄를 사하여 주시는 권능을 가졌음에도 예수그리스도의 삶은 제자들의 발을 씻어 주시는 겸손 그 자체였습니다. 아마 여러분이나 저나 예수그리스도의 능력의 만분의 1만 가졌다 하면 얼마나 못나게 굴는지 또 뻐기면서 살는지 생각하면 부끄러운 생각이 듭니다. 우리 모두 예수그리스도의 겸손한 삶을 닮아가도록 힘써야 할 것입니다. 이것이 하나님께서 기뻐하시는 삶이라 저는 믿고 있습니다.

다섯째, 예수그리스도께서는 Team 사역을 몸소 실천하신 분입니다.

우리 인간은 아무리 능력이 많은 자라 하더라도 자기 혼자의 힘만으로는 부족할 경우가 많이 있게 마련입니다. Team Work

는 함께 협력하여 선을 도모하는데 활력소가 되는 것입니다.

예수그리스도께서는 혼자도 모든 일을 처리할 수 있는 능력을 가지고 계셨습니다. 그러나 그는 제자 훈련을 강화하였으며 이 제자들을 세상에 내 보내어 복음 전파하게 하신 분입니다. 누가복음 10장 1절에 주께서 달리 70인을 세우사 친히 가시려는 각 동 각처로 둘씩 보내셨다 하고 있습니다.

즉 혼자가 아닌 Team 사역의 모습을 보여 주고 계십니다. Team Work가 잘 되려면 팀원들 간에 상호 협력, 화평, 공동 목적의식이 있어야 하며 이러한 Team Work 즉 서로 협력하여 선을 이루는 삶의 모습이 우리가 예수그리스도를 닮아가는 삶이며 이를 하나님께서는 기뻐하시는 삶이라 저는 믿고 있습니다.

저는 이러한 예수그리스도의 생활모습을 저의 생활신조로 삼고 살아 왔으며 그렇게 살려고 노력하고 있습니다. 물론 실패할 때가 더 많다는 것을 솔직히 고백합니다. 그러나 부활 사건을 믿는 저로서는 우리가 오늘을 살면서 아무리 실패하는 일이 있고 좌절되는 일이 있다 하더라도 죽음을 이기신 예수님을 생각하면서 다시 시작할 수 있다는 신앙을 가지고 다시 일어서곤 합니다. 이러한 삶을 살려고 노력하는 성광학원 위에 하나님이 무한한 축복을 주시는 것을 저희들은 매년 체험합니다.

우리의 비전, 젊은이들을 말씀으로 양육하여 무슨 일을 하든지 뛰어난 일을 하게 하여 하나님의 영광을 나타내며 하나님께서 기뻐하시는 학원을 만들기 위한 우리의 노력과 하나님의 축복을 잠시 여러분들과 나누고자 합니다.

첫 번째 축인 성광학원의 복음화 운동은 네 분의 목사님, 한 분의 전도사, 120여 명의 기독교사, 그 중 60여 명의 선교사적 사명을 가진 기독교사 들이 주축을 이루고 있습니다. 복음화의 핵심은 올바른 인성교육입니다. 대개 사람들은 인성교육은 사람이 사람답게 살 수 있게 하는 교육이라 합니다.

문제는 사람답다는 말에 문제가 있다고 생각합니다. 사람에게는 선을 행하려 하는 본능이 있는 반면 또한 사탄의 죄의 씨앗 때문에 악을 저지르려하는 본능도 있다는 것입니다. 우리 성광학원에서는 인성교육을 창조신앙에서 그 해답을 찾고 있습니다. 태초에 하나님께서 우리를 하나님의 형상대로 창조해 주셨지만 선악과의 사건으로 우리는 이를 잃어버렸습니다.

성광의 인성교육은 이 잃어버린 하나님의 형상을 되찾는 운동이며 교육입니다. 그런데 문제는 인간의 힘으로는 사탄의 세력을 이겨, 잃어버린 하나님의 형상을 찾을 수 없다는 데 있습니다. 우리는 예수그리스도의 보혈의 은혜 속에서만 이를 회복할 수 있다고 믿고 있습니다. 여기에 성광학원 복음화의 중요성이 있습니다. 하나님의 형상을 회복한 후 다음은 하나님께서 각자에게 주신 재능을 마음껏 살려 배운 지식과 기술을 하나님의 영광과 인류 사회를 위하여 올바르게 사용할 수 있게 하는 것입니다. 이것을 저희들은 지혜의 교육이라 정의를 내리고 있습니다. 말씀을 통하지 않고는 이러한 인성교육은 이루어지지 않는다고 저는 생각합니다.

복음화를 위한 주간 동안의 활동을 보면

한 주간의 선교활동

매주 월요일 아침 첫 시간에 아침 영상을 통한 예배와 복음송으로 한 주간이 시작이 됩니다. 주중에는 정규수업 시간에 중1학년에서 고3학년까지 매주 한 시간씩 성경수업을 실시하고, 150~180여 명이 모이는 수요일 고등학교 학생예배, 140~180여 명이 모이는 목요 중학교 학생예배, 기독 교사 기도회 및 교사 성경연구, 60여 명의 기독 교사들이 6~10명 정도의 학생 성경공부 Cell을 만들어 점심시간을 이용하여 학생들에게 말씀을 지도, 한 주간을 마치면서 120여 명이 모이는 교직원 금요예배와 주일에는 성광교회에서 100여 명의 모이는 학생 주일예배, 청년회, 대예배, 교회지도자 교육 등을 실시하고 있습니다.

특기할 사항은 중, 고 어머니 기도회가 조직되어 한 달에 한 번씩 학교에 모여 학교와 학생들을 위하여 기도하고 있습니다.

세례의 결과

그 결과 1996년에 처음으로 156명의 학생들에게 세례를 주기 시작하였고 그 이후 매년 중고 합하여 200~300여 명의 학생들에게 엄격한 심사와 검토 과정을 거쳐 세례를 주고 있습니다.

금년에도 10월16일 약 343여 명의 학생들에게 세례를 주기 위하여 준비 중에 있습니다. 특히 금년은 성광학교 졸업생 목사님들의 모임인 성목회에서 후배들을 위하여 이번 세례식을 치르게 되겠습니다. 이후 총 4,000여 명의 학생들이 주님을 영접하게 되었고 현재 성광고등학교를 졸업하는 학생들의 60~70%가 세례를 받고 졸업을 하게 됩니다.

많은 분들이 저에게 질문을 하십니다.

특히 성광학원과 같은 평준화 학교에서는 학부형들 가운데는 여러 가지 다른 종교를 가졌거나 신앙이 없는 분들이 많은데 이들로부터 항의나 민원이 없느냐 하는 것입니다. 아직까지는 한 건도 없었습니다. 몇 년 전 입학식 때 제가 신입생 학부모님들과 공개토론을 한 일이 있었습니다. 제가 말하기를 여러분들은 여러분의 자녀들을 우리 학교에 맡겨 주셨습니다. 우리는 최선을 다하여 바르게 지도할 것입니다. 그런데 문제가 있습니다. 요즈음 학생들은 기성세대가 써 놓은 교과서는 시험 잘 치는 하나의 방편으로 생각하지 삶의 지침서로는 받아들이지 않고 있습니다. 예를 들면 중학교 1학년 1학기 국어교과서를 보면 바른말 사용하기, 고운 말 쓰기를 가르치지만 학생들이 조금만 눈을 돌려보면 국회에서 막말을 쓰고 행패하는 것을 보면서 기성세대들이 써 놓은 책을 삶의 지침서로 받아들일 수 없다고 생각하게 되는 것입니다. 그래서 우리 학교는 전 세계적으로 절대 진리로 인정하고 있는 하나님 말씀으로 인성교육을 할 것입니다. 그 후 학생들이 예수그리스도를 구주로 받아들이고 받아들이지 않는 것을 각자 자유의지에 맡기겠습니다. "혹시 여기에 대안이 있으면 말씀해 주십시오"라고 했더니만 아무도 대안을 제시하지 못하였습니다. "그러면 여러분들이 동의하는 것으로 생각하고 저희들은 성경말씀을 가르치겠습니다." 하고 이야기 하였습니다. 지금까지 아무도 항의하는 사람은 없습니다. 하나님을 기쁘게 하시는 학원에 내리는 축복이 아닐 수 없습니다.

우리들의 비전의 두 번째 축은 학력향상입니다.

성광은 학원의 교회화와 성령 충만한 학원을 지향하고 있지만 인문계 교육기관이기 때문에 학력 향상 또한 게을리하지 않을 수 없습니다. 우리의 학력 향상 개념은 시험을 잘 치기 위한 단순 지식향상이 아닌 진정한 학력에 초점을 맞추고 있습니다. 진정한 학력은 하나님께서 각자 젊은이들에게 그분의 뜻을 이 세

상에 펴기 위하여 주신 재능을 찾아 이를 극대화 시키는 것입니다. 어떤 학생들에게는 많은 재능을 주시어 여러 가지를 다 잘하게 하셨지만 또 어떤 학생에게는 재능을 좁게 주셨습니다. 재능의 숫자에 관계 없이 주님 앞에는 모두가 아주 귀한 존재입니다. 학생들의 재능에 맞추어 차별화된 학력, 맞춤형의 학력신장에 저희들은 초점을 맞추고 있는 것입니다. 한 사람의 영혼이 온 천하보다 귀하다는 말씀으로 우리는 학생들 하나하나에 심혈을 기울여 학력을 신장하려 하고 있습니다. 이것이 저는 성경적이라 생각하고 있습니다. 성광학원은 입학할 때 학생들의 학력과 졸업할 때의 학력성취도를 비교해 보면 대구에서도 아주 우수한 학교로 인정받고 있습니다. 특히 금년에 국가에서 시도하고 있는 선진국가형의 교과교실제 교과과정 선도 학교 선발에 우리 학교는 중·고가 함께 선정되었습니다.

학력신장 교과교실제

고등학교는 전 교과, 중학교는 영어중심의 교과교실제를 통한 교과 과정 혁신 자율학교로 선정되어 고등학교는 15억 원, 중학교는 5억 원 정도의 국가보조를 받게 되었습니다. 전 교과교실제 선도학교는 전국적으로 3,000여개 학교 중 45개 학교, 한 과목 선도학교는 100여개의 학교만 선정된 것입니다. 특히 전국 3,000여개 학교 중에서 중·고 모두 선정된 학교는 우리 성광뿐입니다. 앞으로 우리 성광학원은 우리나라 교육을 혁신하는 데 선두주자로 부상할 것입니다. 하나님께서 기뻐하시는 학교에 내리는 축복이 아닐 수 없습니다. 하나님께서는 그분의 영광을 위하여 필요하시다면 이보다 더한 축복도 내리시리라 믿고 있습니다.

우리 학교의 비전의 제3의 축인 H. S. E 운동에 잠시 언급을 하고 오늘 저의 부족한 말씀을 마치고자 합니다.

H 운동은 Health 즉 건강운동입니다.

육체적인 건강뿐 아니라 영적인 건강도 포함됩니다. 짧게는 성광을 졸업하는 학생은 육체적으로 가장 건장한 젊은이, 영적으로 그 나이에 비하여 가장 영적으로 성숙된 젊은이로 양육하지만 길게는 건강한 사회, 사탄이 침투할 수 없는 튼튼한 사회를 만드는데 기여할 수 있는 하나님의 역군을 기르는 운동입니다.

S 운동은 Safety 즉 안전이란 말입니다.

이는 짧게는 내 주위의 안전을 말하는 것이지만 길게는 안전한 사회, 전쟁이 없는 사회, 평화와 평강이 있는 사회, 서로 믿고 살 수 있는 사회를 만드는 데 기여하는 인재를 기르는 운동입니다.

E 운동은 Environment 즉 환경을 뜻하지만 이는 짧은 의미이고 길게는 하나님이 창조하신 모든 피조물을 하나님께서 각자에게 주신 재능을 잘 갈고 닦아서 이를 잘 다스리는 운동을 말하는 것입니다.

저는 이 H. S. E 운동이야말로 우리가 매일 생활현장 속에서 이루어져야 할 성경적인 생활태도이며 복음화를 통하지 않고는 달성할 수 없는 목적이라 생각합니다.

이 모든 것을 달성하기 위해 쉬지 않고 기도하며 범사에 감사하며 항상 기뻐하는 자세로 오늘도 우리 학원은 노력하고 있습니다. 승복교회는 국내선교, 해외선교, 기관선교 등 선교 사역에 예수그리스도의 12제자 발자취를 답습하는 선교에 열정적인 교회로 알고 있습니다. 중·고등학교 학원선교에도 많은 관심을 가져 주시기 바랍니다. 이를 위하여 먼저 대구의 성광학원의 비전 달성을 위하여 승복교회에서 기도의 소리가 끊어지지 않게 되기를 부탁드리며 우리 모두가 예수그리스도를 닮아가는 생을 살아 하나님께서 기뻐하시는 저와 여러분들이 되시기를 기원합니다.

선한 꿈과 악한 꿈

성광고 교우지 치사 「聖光」45호(2006)

지난 20년 동안의 세계사에는 두 가지의 큰 붕괴 사건이 있었습니다. 하나는 1989년 11월 9일 독일의 베를린(Berlin)을 동서로 갈라놓고 있던 '베를린 장벽의 붕괴 사건'이고 또 다른 하나는 2001년 9월 11일 '뉴욕(New York)의 쌍둥이 무역회관 붕괴 사건'입니다. 같은 붕괴 사건이었지만 이 두 사건이 세계 역사 흐름에 준 영향은 엄청난 차이를 보여 주고 있습니다.

1 · 9 베를린 장벽 붕괴는 자유 진영과 공산권을 가로막고 있던 벽을 허문 것이며 독일인에게뿐만 아니라 전 세계인에게 지난날의 갈등과 불신을 뛰어넘고 각자 다른 이념의 감옥에서 해방시켜 새로운 희망과 꿈과 미래의 번영을 위하여 함께 힘차게 전진하는 계기를 마련했습니다. 반면, 9 · 11 사건은 눈에 보이지 않는 갈등과 불신과 증오와 폭력의 새로운 장벽을 구축하여

살상과 파괴의 불행한 역사의 한 장을 인류에게 가져오게 한 것입니다.

 베를린 장벽의 제거는 미래를 지향하며 새로운 세계, 개방된 세계, 개인의 능력을 최대로 발휘할 수 있는 세계를 꿈꾸었던 많은 사람들 그리고 이 꿈을 실행하려고 노력하였던 많은 사람들의 힘으로 이루어 진 것입니다. 11월 9일을 기점으로 '죽의 장막'이라 불리던 베를린 벽이 무너지고 일 년 후에는 독일 통일이 이루어진 사실은 우리가 모두 알고 있는 사실입니다. 한편 2001년도의 9월 11일 사건은 과거의 한을 잊어버리지 못하고 복수의 칼을 갈고 있었던 소수의 사람, 증오와 분노로 가득 찬 소수의 무리들, 용서와 화해와 공존을 모르는 칼날 같은 성격의 소유자들이 저지른 엄청난 비극의 사건이라 하겠습니다. 오사마 빈 라덴(Osama bin Laden)과 그를 따르는 무리들은 어떻게 하면 죄 없는 많은 사람들을 죽일 수 있을까를 꿈꾸며, 어떻게 하면 자기네들과 뜻이 같지 않은 사회나 조직을 파괴할지를 꿈꾸며 살아온 사람들이라 해도 과언이 아닐지 모릅니다. 미래의 밝은 빛을 보지 못하고 과거의 증오와 한에만 집착한 무리들의 잘못된 꿈이 잘못된 생각을 낳고 잘못된 생각이 비극의 역사를 만들게 된 것입니다.

 선한 꿈은 선한 생각을 갖게 하고 선한 생각은 선한 행동으로 옮겨지며, 악한 꿈은 악한 생각을 갖게 하고 악한 생각은 악한 행동으로 나타나게 됩니다. 같은 칼을 가지고도 훌륭한 음식을 만들 수도, 살인을 할 수도 있습니다. 같은 폭발물을 가지고 건설, 토목 공사 등 인류 발전에 도움이 되는데 사용할 수도, 자살 테러 등 많은 사람의 살상에 쓸 수도 있습니다. 같은 비행기를 이용하여 여행의 신속함과 편리함, 물류의 효율성을 올려 지구촌의 가속화와 세계 경제 발전에 이바지할 수도, 인간 유도 무기로 사용하여 9 · 11의 사건과 같은 대 살상을 일으킬 수도 있습니다.

성광 가족 여러분, 이제 병술년을 맞이하여 어떤 꿈과 비전을 갖고 계십니까? 우리 모두는 선한 꿈과 비전을 갖도록 노력하여야 되겠습니다. 어떤 것이 선한 꿈입니까?

선한 꿈은 **첫째, 우리 마음 속 깊은 곳에서 울려오는 양심의 소리와 공감대를 이루는 꿈이어야 합니다.** 지금 내가 처해있는 어려움과 필요나 욕심에 따라 양심의 소리를 듣지 못하는 꿈은 선한 꿈이 될 수 없습니다. '하나님께서 우리 인간을 창조하실 때 그의 형상대로 창조하셨다'고 하였습니다. 우리 마음 속에 양심의 씨앗을 넣어 주셨다는 것입니다. 그동안 나를 괴롭혔던 일들, 남을 증오하는 마음, 나만이 옳다 하는 자만심을 버리고 깊은 명상 가운데 내가 할 수 있는 옳은 일이 무엇인가를 고민하면서 양심의 소리를 듣고자 한다면 그 소리를 우리는 모두 들을 수 있습니다.

둘째는 세계 평화와 공존에 이바지할 수 있는 꿈이어야 합니다.

셋째는 하나님께서 각자에게 주신 재능을 마음껏 살려 나갈 수 있는 꿈이어야 합니다.

넷째는 과거의 잘못과 관행에 집착하지 않고 미래의 아름다움을 볼 수 있는 꿈일 것입니다. 과거만 있고 미래가 없는 사람은 영적으로 죽은 사람이나 마찬가지입니다. 과거에만 집착하고 미래의 비전을 제시하지 못하는 국가나 단체는 쇠퇴할 수밖에 없습니다. 우리 그리스도인들은 사후 세상의 존재를 믿고 있기 때문에 이 세상의 생을 다하는 날까지 그 다음의 생을 꿈꾸며 오늘도 나무 한 포기를 심는 긍정적인 삶과 선한 꿈을 가질 수 있는 것입니다.

IT 기술의 발전으로 세계는 시간과 지역 공간의 한계를 뛰어넘어 한 울타리 속으로 빨려 들어가고 있습니다. 한 울타리 속에서 한 사람 한 사람의 선한 꿈이 전체의 번영에 미치는 영향은 과거 산업화 시대보다는 더욱 커지게 됩니다. 이러한 시대 변화에 맞추어 우리 성광 가족들은 선한 꿈을 꾸어야 합니다. 이를 위하여 노력하는 여러분들께 하나님의 축복이 충만하시기를 기원합니다.

성광의 7가지 가치

성광교회 금요예배(2011. 7.8)

그 첫째는 명확한 꿈과 목적의식과 사명감입니다(Dream and Mission). 예수그리스도께서는 하나님으로부터 부여받은 인류구원의 뚜렷한 목적과 이를 달성하고자 하는 사명감이 뚜렷한 분이었습니다. 그리기에 공 사역을 시작하시기전 40일 간의 금식기도 하신 후 3가지 사탄의 제물과 명예와 권력에 관한 유혹을 과감히 하나님 말씀으로 물리 칠 수 있었습니다. 우리는 우리의 꿈과 목적의식을 확립하여야 합니다. 우리는 우리가 바라는 미래의 H.S.E 사회구현을 위하여 올바른 제자를 양육 하겠다는 꿈을 달성하기 위하여 강한 사명감을 가져야 합니다. 재물 때문에, 명예 때문에, 권력 때문에 우리가 가지고 있는 숭고한 사명감과 꿈을 잃어버리는 일이 없기를 부탁드립니다. 자신을 알지 못하면 바른 꿈과 사명감을 가질 수 없다는 생각을 합니다. 여러분의 제자들이 여러분들의 이러한 모습을 보면서 자신의 꿈과 이를 달성하기 위한 사명감을 정립하게 될 것입니다.

둘째는 정직성과 신뢰성입니다(Integrity). 예수 그리스도는 정직한 분이었으며 거짓이 없는 분이었습니다. 그분의 말씀과 가르침은 신뢰 할 수 있는 분이었습니다. 우리도 제자들을 지도할 때에 우리의 가르침을 믿고 따르게 할 수 있어야 합니다. 정직성이 없으면 우리의 꿈이란 사명감등 하는 모든 일이 거짓일 가능성이 많으며 사탄의 유혹에 쉽게 빠지게 됩니다.

셋째는 사명을 달성하고자 하는 열정입니다. 예수님께서는 자기가 하여야 할 일에 대하여 쉬지 않는 열정을 가지고 계셨습니다. 쉬지 않는 제자 양육, 바리세인들과 사두개인들과의 굽힘 없는 설전, 기도의 집인 성전이 장사꾼으로 득실거릴 때 이를 채찍으로 내 쫓은 일, 가난하고 소외된 군중들을 위로 하시고 병든 이들을 고치시고, 땀이 피가 되듯 하는 기도의 모습 등, 하나님이 주신 인류구원을 위한 십자가 사건이 일어날 때까지 열정의 도가니로 산 그 모습을 닮아 우리는 우리 제자들을 지도할 때 예수그리스도의 열정을 가지고 지도 하여야 합니다. **열정과 정직성이 없으면 참다운 힘을 기를 수 없습니다.**

넷째는 사랑과 자비의 삶입니다. 특히 소외된 사람들에 대한 예수님의 배려는 눈에 띄게 돋보입니다. 우리 학교의 8,9등급 없애기 운동도 바로 예수그리스도의 사랑의 실현입니다. 여러분들이 제자들을 사랑하고 그들의 고민에 귀를 기울이며 같이 웃고 우는 모습에서 학생들은 여러분들을 존경하게 되며 이러한 모습에서 자기 스스로도 소외된 자들에 대한 관심도 갖게 되는 것입니다.

다섯째는 겸손과 온유함입니다. 자연을 통제 할 수 있는 능력, 기적을 일으키시는 능력을 가진 예수그리스도의 삶은 겸손과 온유의 삶이었습니다. 우리는 학생들을 지도 할 때 군림하는 것이 아니라 겸손과 온유로 함으로 학생들에게 감동을 주는 교사가 되어야 할 것입니다.

여섯째는 협력과 Team Work입니다. 예수님께서는 팀 사역을 중요하게 생각하신 분입니다. 예수님께서는 복음 전파를 위하여 제자들을 짝을 지어 Team을 만들어 파송하신 것을 보더라도 서로 협력하고 함께 일하는 Team 사역을 중요시 하였습니다. 우리도 이러한 예수그리스도의 모습을 배워 교사들 간에 서로 도우며 서로의 강점은 공유하며 약점은 서로 보완하면서 Team을 이루어 제자들을 지도하여야 합니다.

일곱째는 인생을 기뻐하고 즐길 줄 아는 것입니다. 잔치 집에 가서 물로 포도주를 만들 정도로 경우에 따라 하나님이 사랑하신 이 세상의 삶 또한 즐기신 분이고 기뻐하시는 모습을 보여 주셨습니다. 쉬지 않고 기도하며, 범사에 감사하며, 항상 기뻐하는 삶을 사신 분이십니다.

예수님의 이러한 모습을 우리도 닮아가기를 기원합니다.

우리는 우리 학교 교훈을 가슴에 품고 이러한 교사 예수그리스도의 모습을 본받으면서 제자들을 양육 한다면 그들의 마음속에는 여러분들을 진정으로 존경하며 아름다운 스승으로 길이 기억할 뿐 아니라 그 제자들 자신도 여러분을 닮아가는 모습으로 살아 갈 것입니다. 이것이 참 교육이라 생각을 합니다.

지금 당장 해야 할 일들을 하자

성광고 교우지 치사 「聖光」 53호(2014)

얼마 전 저는 지인으로부터 한편의 이메일을 받았습니다. 그 메일의 내용이 저에게 깊은 영감을 주어 그 원문의 일부를 요약하여 여기에 소개하고자 합니다.

세상에서 3가지 중요한 '금'이 있는데 돈을 상징하는 '황금'과 음식을 상징하는 '소금'과 그리고 시간을 상징하는 '지금'입니다. 아마도 누구라도 이 세 가지 중 하나만을 선택하라고 한다면 주저 없이 '황금'이라고 할 것입니다. 돈만 있으면 '소금'도 살 수 있고 '지금'의 시간도 살 수 있다고 생각하기 때문일 것입니다. 과연 그럴까요? 사람이 살아가는데 돈의 필요성은 더 이상 부연 설명하지 않아도 모두들 잘 알고 있습니다. 돈은 모든 것을 얻을 수 있는 마법의 열쇠와도 같지만 돈으로 얻을 수 없는 것이 세상에는 많이 있습니다. 인간은 돈으로 집을 살 수 있어도 행복한 가정은 살 수 없습니다. 돈으로 관계를 살 수는 있어도 사랑은 살 수 없습니다.

두 번째 '금'은 소금의 가치를 의미합니다. 3%의 소금이 97%의 바닷물을 유지하게 됩니다. 돈이 아무리 많아도 소금이 없으면 인간은 살 수 없습니다. 인체와 음식에서 소금의 역할은 생명과 같기에 옛날에는 소금을 쟁취하려고 전쟁까지 했을 정도였습니다. 성경에서도 '세상에서 너희는 세상의 소금이 되라'고 한 것은 어디서나 소금처럼 맛을 내는 존재요 내가 있는 곳에 꼭 필요한 곧 대들보와 같은 사람이 되라는 의미입니다. 이것이 '황금'보다 소중한 '소금'의 역할이요 진가라 생각합니다. 사람 안에 있는 '소금'은 맛을 내고 덕을 끼치기에 우리는 '황금' 없이는 살아도 '소금' 없이는 살 수가 없으므로 '소금'을 세상에서 소중한 '금'으로 꼽았던 것입니다.

마지막 세 번째 '금'은 앞에서 언급한 두 가지보다 본질적으로 중요한 '지금'입니다. 미국 어느 대학의 심리학 교수가 어느 날 강의를 하면서 주제를 칠판에 적었습니다. '만일 당신이 사흘 후에 죽는다면 해야 될 일 세 가지 일을 생각해 보고 각자가 발표해 보라'는 거였습니다. 학생들이 발표한 내용을 보니 부모님을 찾아뵙고, 애인하고 여행하고, 다툰 사람과 화해할 것이라는 등 의외로 죽음을 앞두고 하고 싶은 일들은 지극히 평범한 것들이었습니다. 학생들의 대답을 다 들은 후 교수는 칠판에 이렇게 적었습니다. 'Do it Now(지금 당장 그 일들은 해라)' 그 교수는 이어 죽음이 닥칠 때까지 그런 일을 미루지 말고 지금 즉시 그 일들을 하라고 권고했습니다. 많은 사람들이 지난날을 회고하면서 세 가지를 후회한다고 합니다. '더 사랑할 걸' '더 참을 걸' '더 베풀 걸', 이제 보니 모든 후회의 공통점은 인간관계에서 오고 있음을 명심하여 이 일을 내일로 미루지 말고 지금 해야 한다는 것입니다.

'지금 사랑하자, 지금 용서하자, 지금 기도하자, 지금 봉사하자.' 내일이란 말은 가장 무서운 단어로 마귀가 즐겨 사용하는 도구이기에 오늘 못하면 내일은 내 인생이 아니기에 할 일이 생각나면 지금 해야 합니다. 오늘은 해가 맑게 나 있을지라도 내일은 구름이 모일지도 폭풍우가 몰아칠 지도 모르기 때문입니다. 지인은 다음과 같은 말로 이메일을 마무리하고 있습니다. '주여, 살아가면서 중요한 일이 많은데 황금은 주권의 자세를 볼 수 있어 중요하지만 지금은 주의 섭리를 알 수 있는 태도이기에 지금 사랑하게 하소서, 지금 용서하게 하소서, 지금 봉사하게 하소서. 그리하여 갑자기 빛을 잃어도 두려워하지 않고 웃음으로 당신을 만나게 하소서'

저는 이 글을 읽으면서 전도서 3장 1절에서 8절까지의 구절이 생각났습니다. '범사에 기한이 있고 천하만사가 다 때가 있나니 날 때가 있고 죽을 때가 있으며 심을 때가 있으며 심은 것을 뽑을 때가 있으며(중략) 사랑할 때가 있으며 미워할 때가 있으며 전쟁할 때가 있으며 평화할 때가 있느니라.' 이 말씀은 곧 우리의 삶은 학교에 다니며 선생님으로부터 배워야 할 때가 있으며 교사는 제자들을 가르칠 때가 있으며 이러한 과정을 통하여 스스로 배우고 깨달음을 터득할 때가 있으며 배우고 깨달은 것을 자신을 위하여 이웃을 위하여, 가정을 위하여, 사회와 국가를 위하여, 전 인류를 위하여, 우리를 창조하신 주님을 위하여 사용할 때가 있다는 것입니다. 학생들은 학생으로 있을 때 내가 지금 무엇을 하는 것이, 교사는 교사로 있을 때 제자들을 어떻게 양육하는 것이 하나님께서 기뻐하실 것인가를 깊이 생각해 보아야 한다는 것입니다. 이를 깊이 생각만 하고 있을 것이 아니라 무엇을 하여야 될 것인가를 알면 이를 '지금' 실천하여야 된다는 것입니다.

이메일을 보면서 잠언서 6장 10절의 말씀도 떠올랐습니다. '좀 더 자자, 좀 더 졸자, 손을 모으고 누워 있자, 하면 네 빈궁이 강도같이 오며 네 궁핍이 군사같이 이르리라.' 많은 사람들이 올바른 일을 실천하는 것이 바른 길인 줄 알면서 오늘 하루만이라도 인생을 좀 더 즐기자, 좀 더 게으름을 피우자, 내일부터 내가 해야 할 일을 하리라 한다면 이는 자신을 파멸의 길로 이끌고 있다는 사실을 성경 말씀은 우리에게 가르치고 있는 것입니다.

우리 학원은 지난 60년 간 눈부신 성장을 하여 오늘날 대구의 명문 사학으로 우뚝 섰습니다. 우리는 60년 후 성광학원을 꿈꾸어 봅니다. 60년 후에는 대구뿐만 아니라 한국을 뛰어넘어 세계 속에서의 명문사학으로 자리매김 할 것입니다. 이를 위하여 우리는 '지금' 해야 할 일을 명확히 알아 이를 시행해야 합니다. 학생은 학생이 해야 할 일을, 교직원은 교직원이 해야 할 일을, 학부모님들은 학부모님들이 해야 할 일들을, 동문들은 모교를 위하여 동문이 해야 할 일을, 재단은 재단이 해야 일들을 찾아 모두 한 마음이 되어 힘을 합하여 힘차게 정상을 향하여 나아가야 합니다. 이렇게 하나 되는 모든 성광의 가족 위에 하나님의 축복이 듬뿍 내리시기를 기도합니다.

성령의 빛을 발하는 성광

성광고 교우지 치사 「聖光」 55호(2016)

　우리 성광은 '하나님이 기뻐하시는 학원', '세계 속의 명문 성광학원'이라는 꿈을 가지고 2015년을 열심히 뛰어 왔고, 2016년도에도 그 꿈을 향해 우리 성광학원은 부단히 나아갈 것입니다. 하나님이 기뻐하시는 학원은 그 구성원들 한 사람 한 사람이 예수그리스도를 닮아가는 삶을 살아가는 것이며, 학원 전체의 집합체는 교회의 모습을 닮아가는 학원, 성령 충만한 학원, 천국을 구현한 학원이 될 것입니다. 성광 학원의 학원복음화 운동은 참다운 교회의 모습을 닮아가는 첫 걸음이며, 성령 충만한 학원이 되는 기초가 되며 H.S.E 운동은 천국의 형상을 나타내는 첫 발자취가 될 것입니다. H.S.E 운동은 건강하고 악이 침투되지 않는 사회(H), 안전하고 평화가 깃든 사회(S) 그리고 하나님이 창조하신 우주의 창조 질서를 지켜나가는 운동으로 우리가 살고 있는 이 세상에서 천국의 모형을 나타내는 운동이라 할 수 있을 것입니다.

성부 하나님의 보호하심과 성령 하나님의 인도하심으로 이러한 운동이 잘 진척되고 있음을 주님께 감사드리며 이를 위하여 수고하시는 모든 교직원들과 이를 잘 따라주고 있는 학생들에게 하나님의 축복이 듬뿍 내리시기를 기도드립니다. 복음화의 열매로 매년 고등학교 학생의 70% 이상이 주님을 영접하고 졸업하고 있음을 통해 성령님이 우리 학원에 임재하심을 경험하게 되며, H.S.E의 중요성과 참뜻을 잘 이해하는 교사들의 수가 매년 증가할 뿐 아니라 이를 위한 동아리 활동 등도 시작되고 있음은 퍽 고무적이라 할 수 있을 것입니다.

그러나 우리가 항상 주의하여야 할 것은 성광의 이러한 일들을 제일 싫어하고 이를 방해하는 세력이 있다는 것입니다. 이는 바로 적그리스도의 세력이며 성경말씀에서는 어두움의 세력이라 지적하고 있습니다. 우리는 이러한 어두움의 교활한 시험에 빠지지 않도록 말씀으로 무장하고 기도에 힘을 쏟아야 합니다. 더욱 심각한 것은 지금 세계 곳곳에 어두움의 그림자, 어두움의 세력이 만연하고 그 강도가 더 심해지고 있다는 것입니다. ISIS의 반인류적인 살상 테러, 사우디아라비아와 이란을 위시한 중동 여러 나라들의 반목, 더욱 심해지는 대량 살상무기의 개발, 중국 일본, 러시아를 위시한 군사력의 강화, 악화되어 가는 집단 및 개인 이기주의, 서로가 믿지 못하는 불신의 사회 등 이러한 추세가 계속되면 지구에 큰 재앙이 곧 닥치지 않을까 우려를 하게 됩니다. 어두움이 지배하는 세계는 빛이 없는 세계입니다. 성경의 요한 1서 1장 5절에 "하나님은 빛이시라" 하고 있습니다. 즉 하나님께는 어둠이 조금도 없으시다는 것입니다. 결국 어두움이 지배하는 세계는 하나님이 계시지 않는 세계를 의미합니다. 하나님이 계시지 않는 세계의 모습을 로마서 1장 28~31절에 잘 묘사하고 있습니다.

"그들이 마음에 하나님 두기를 싫어하매 하나님께서 그들을 그 상실한 마음대로 내버려두사 합당하지 못한 일을 하게 하셨으니 곧 모든 불의, 추악, 탐욕, 악의가 가득한 자요, 시기, 살인, 분쟁, 사기, 악독한 자요, 수군수군 하는 자요, 비방하는 자요, 하나님께서 미워하는 자요, 능욕하는 자요, 교만한 자요, 자랑하는 자요, 악을 도모하는 자요, 부모를 거역하는 자요, 우매한 자요, 배약하는 자요, 무정한 자요, 무자비한 자라." 하고 있습니다.

이러한 어두움의 세력을 이기는 힘은 빛 이외에는 없습니다. 어두움은 빛을 이기지 못합니다. 빛이 비추면 어두움이 사라지게 됩니다. 따라서 오늘날의 어두움의 세력을 이기는 일은 진리의 빛이신 예수그리스도의 빛을 이 세상에 발하고 있는 성령님의 빛만이 할 수 있습니다.

이러한 때에 우리 성광은 성령님의 빛이 우리 각자와 우리 학원 위에 강하게 비추어 어두움이 없는 학원이 되어야 하겠습니다. 그런데 현실에서는 이를 달성하는 것이 인간의 힘으로는 불가능합니다. 로마서 7장 21~27절에 사도 바울은 이렇게 고백하고 있습니다.

"그러므로 내가 한 법을 깨달았노니 곧 선을 행하기 원하는 나에게 악이 함께 있는 것이로다. 내 속사람으로는 하나님의 법을 즐거워하되 내 지체 속에서 한 다른 법이 내 마음의 법과 싸워 내 지체 속에 있는 죄의 법으로 나를 사로잡는 것을 보는 도다. 오호라! 나는 곤고한 사람이로다. 이 사망의 몸에서 누가 나를 건져내랴. 우리 주 예수 그리스도로 말미암아 하나님께 감사하리로다." 즉 우리 인간들의 마음에는 악한 성품과 선한 성품이 함께 있어 사도 바울은 성령님의 도움 없이는 악한 성품을 이기는 것이 불가능하다고 고백하고 있습니다. 성령의 빛이 우리 마음 속에 있는 어두운 세력을 몰아내어야 한다면서 마지막에는 예수그리스도로 말미암아 하나님께 감사한다는 고백을 하고 있습니다.

우리 학원에 비추고 있는 성령님의 빛을 의지하고 더욱 그 빛을 발휘하여 먼저 성광 학원 내에서 어두움의 잔재를 몰아내고 진정으로 성령 충만한 학원이 되어야 되겠습니다. 또한 우리를 통하여 성령의 빛이 북구를 넘어, 대구에서, 한반도 전체에서, 궁극적으로는 세계 속에서 찬란하게 빛날 때 우리의 이름 성광 Holy Light 즉 Light of Holy Spirit 성령님의 빛이 발할 것입니다. 이를 통해 세계 속에서 확산되고 있는 어둠을 물리칠 수 있는 글로벌리더를 성광학원이 많이 배출하여 세계 속의 명문이 되도록 하나님께서 이끌어 주실 것입니다.

이를 달성하기 위하여 우리들은 하나님의 말씀을 묵상하며 이를 생활 속에서 실천하여 성자 예수그리스도를 닮아가며 성령님의 거룩한 빛이 성광을 통하여 찬란하게 비출 수 있도록 해야겠습니다. 지금까지 성취한 것에 자만하지 말고 더욱 겸손한 마음으로 앞으로 나아가는 모든 성광의 가족들 위에 성부 하나님의 축복이 듬뿍 내리시기를 기도드립니다.

부활의 신앙

성광교육재단 개원 67주년 기념사
(2020.10.08)

　코로나 19가 전 세계를 불안에 몰아넣고 있고 자연 재난도 지구의 여러 지역을 강타하고 있어 우리 삶의 많은 영역을 흐트러뜨리고 있는 요즈음 미래를 창조할 인재 양성의 요람인 교육계도 한국뿐만 아니라 전 세계가 혼돈 속으로 빠지고 있습니다. 이때에 한마음으로 힘을 합쳐 이러한 어려움을 극복하고자 노력하고 있는 성광학원의 교장 선생님 이하 모든 교직원, 학생, 학부형, 동문들께 감사를 드립니다. 또 이 어려움을 극복할 힘과 지혜를 간구하는 성광 가족들의 기도에 하나님께서 꼭 응답해 주시리라 믿습니다.

　인류 역사를 회고해 보면 인간의 힘으로는 해결하지 못하는 두 가지가 있음을 발견하게 됩니다. 이 두 가지 영역의 첫 번째는 우리가 이 세상에 태어나는 순간 늙어가기 시작한다는 것이며, 두 번째는 이 세상에서의 삶은 죽음으로 마감한다는 것입니다. 이는 천지를 창조하신 하나님의 영역이며 우리 인간들의 영역이 아니기 때문입니다.

우리의 겉 사람은 매일 늙어가고 있지만, 우리의 속 사람은 우리가 부활 신앙을 가지고 있느냐 없느냐에 따라 완전히 달라질 수 있다는 사실을 우리는 깨달아야 합니다. 부활을 믿지 않는 사람은 우리가 죽음을 맞이하는 순간 모든 것이 끝나기 때문에 살아있는 동안 본인의 능력을 최대한으로 활용하여 그의 성취욕을 달성하려 할 것입니다. 뿐만 아니라 본인의 성취욕을 달성하는데 조금이라도 방해가 되는 일이 있으면 이를 무슨 수를 써서라도 제거하려 할 것이며 혹 본인의 약점이 세상에 알려져 나의 목적을 달성할 수 없다고 판단이 되면 이를 은폐하려 모든 방법을 동원할 것입니다. 이러한 일들이 쌓이면 그 사회는 진실과 거짓이, 어두움과 밝음이 뒤범벅이 되고, 유언비어가 난무하여 사람들의 마음을 혼돈스럽게 만들고 판단력을 흐리게 만드는 등 앞날을 가늠하기 힘든 사회를 만들게 됩니다.

한편 부활 신앙을 가진 사회는 밝음과 희망으로 가득 찹니다. 부활은 단순히 우리의 죽음 후에 부활하는 것에만 국한된 것이 아니라 우리가 현세에 살면서 죄의 성품으로 꽉 차 있는 우리의 속 사람의 부활도 포함하고 있다고 믿고 있습니다. 우리가 죄를 많이 범하지만 이를 회개하고 용서를 구하면 이를 용서하시고 우리가 다시 시작할 수 있는 기회를 주시는 하나님의 사랑의 극치가 바로 우리 속 사람의 부활이기 때문입니다. 생전에 예수님을 세 번이나 부인한 베드로를 용서하시고 귀히 사용하신 하나님의 사랑을 우리는 깨달아야 합니다.

사도 바울께서도 로마서 7장 21~24절에 "그러므로 내가 한 법을 깨달았노니 곧 선을 행하기 원하는 나에게 악이 함께 있는 것이로다. 내 속 사람으로는 하나님 법을 즐거워하되 내 지체 속에서 한 다른 법이 있어 내 마음의 법과 싸워 내 지체 속에 있는 죄의 법으로 나를 사로잡는 것을 보는도다. 오호라, 나는 곤고한 사람이로다. 이 사망의 몸에서 누가 나를 건져내랴"고 고백하고 있습니다. 사도 바울의 고민에 대한 해답이 내 '속 사람의 부활'입니다.

따라서 부활 신앙으로 무장된 사회는 항상 희망과 기쁨이 있습니다. 고린도 후서 4장 16절에 "그러므로 우리가 낙심하지 아니 하노니 우리의 겉 사람은 낡아지나 우리의 속 사람은 날로 새로워지도다" 날로 새롭게 탄생하는 속 사람 즉 이것이 우리 '속 사람의 부활'입니다.

우리는 성광학원의 비전 즉 '하나님이 기쁘시게 하는 학원, 세계 속의 명문 사학이 되는 비전'을 가지고 열심히 달려가고 있습니다. 예수님이 세상에 오시어 우리에게 보여 주신 삶의 모습에 기초한 우리 학교의 3가지 교훈, 7가지 삶의 가치, 학원 복음화와 학력 신장, H.S.E 운동 등을 합하여 우리 제자들을 양육하고 있습니다.

　이렇게 하는 동안 낙심하는 일들도 있습니다. 하나님이 기뻐하시는 학원이 되는 것을 증오하는 악한 세력의 침공을 받아 우리 학원의 비전에 회의를 품는 교직원을 만날 때입니다. 이런 분들은 우리의 속 사람을 새롭게 하는 '부활 신앙'을 갖기를 바랍니다.

　이제 우리의 비전 달성을 위한 여러 가지 활동을 '부활 신앙'의 범주 속에서 진행하여야 합니다. 이렇게 결심하는 여러분들 위에 하나님의 축복이 듬뿍 내리시기를 기도합니다.

2) 무엇이든 최고가 되어
하나님께 영광 돌리는 학원
  - 학력 신장

성경에서 본 학력 신장

성광교회 (2002. 11. 17)

저는 이 글을 통하여 2년 전 제시한 성광의 비전을 다시 한번 짚어보고 이를 토대로 학력신장에 초점을 맞추어 논함으로 우리의 비전을 달성하는 데 도움이 되기를 원합니다.

1. 학원복음화의 시작과 오늘

13년 전 1989년에 제가 이사장에 취임하여 학원 복음화의 기치를 세웠을 때 많은 교사와 직원들이 우려와 회의와 염려의 뜻을 표시하였습니다. 그 때만 하더라도 교직원들의 65%가 교인이 아니어서 학교 분위기가 복음화에 대한 불만 내지 저항이 있을 수 있고 또한 성경수업과 절기예배 등의 활동으로 인한 수업시간 손실로 학력 저하가 일어날 수 있으며 이로 인한 민원이 야기될 수 있다는 것이 그 주된 이유들이었습니다.

그러나 저에게는 '젊은이들에게 올바른 삶의 길이요 진리요 생명이 되는 그리스도를 소개하는 것'이 세상의 학문을 소개하는 것보다 더 우선 순위에 있고 또 삶에서 이것이 가장 중요하다는 확신이 있었고 나와 뜻을 같이 하였던 소신열 목사님, 전 성광고 교장 류성길, 박경우 장로님 등을 위시하여 지금도 학교에서 근무하고 계시는 여러분의 신앙의 동지들이 있었고, 뿐만 아니라 저의 배경에는 하나님이 계셨기에 세상적인 경쟁의 법칙, 즉 학력 신장은 하나님 자신이 자신의 영광을 위해서도 때가 오면 반드시 기적 같은 사건들을 일으켜 주시리라 확신하고 있었습니다. 따라서 1991년도에 소신열 목사님을 교목으로 초빙하여 복음화의 기치를 힘차게 세웠던 것입니다. 그 후 대구의 여러 지역교회에서 파송하여 주신 선교 목사님과 전도사님들의 도움으로 복음화의 운동은 잘 진행되어 5년이 지난 1996년에 드디어 복음화의 첫 열매인 156명의 학생 합동 세례식이 거행되었습니다.

한편 우려하였던 학력은 저하된 것이 아니라 오히려 조금씩 향상되어 많은 사람들의 걱정이 한낱 인간적인 기우에 지나지 않았다는 사실을 하나님께서는 우리들에게 보여 주셨습니다. 즉 하나님의 계산 방법은 사람들의 그것과 다르다는 것을 보여 주셨습니다. 뿐만 아니라 간간이 보여 주신 사건들, 즉 1994년 1차 수능 고사에서 전국 수석을 배출한 일, 또 그 이후 대구 인문계 수석 등의 일들을 하나님께서 우리들에게 성광의 무한한 가능성을 보여 주시는 메시지였습니다.

그러나 학력에서 뛰어난 학원을 만들어 주시는 데는 당시 진정한 하나님의 간섭이 시작되지 않고 있었으며 우리가 좀 더 겸손해져서 말씀의 토대 위에서 하나님께 전적으로 의존하는 마음가짐을 갖고 젊은이들을 가르치고자 할 때까지 기다리고 계신다는 생각이 들었습니다. 그래서 하나님께서 진정으로 기뻐하시고 그를 영화롭게 할 수 있는 학원의 모습은 무엇일까를 두고 묵상하고 기도하는 가운데 2000년도 성광 앞날의 비전이 떠올랐습니다. 그것이 제가 그해 11월에 여러분 앞에서 제시한 우리 성광의 비전이었습니다. 즉 "우리가 젊은이를 교육함에 있어 성경말씀에 토대를 두고(말씀으로 무장하여) 무엇을 하든지 뛰어난 일만 하여 하나님께 영광 돌리는 학원이 되는 것"이 그것입니다. 그리고 이 비전을 달성하기 위하여 지속적인 복음화, 학력 신장 그리고 H.S.E(Health, Safety, Environment) 운동의 3개 축을 제시하였습니다. 이는 학생들에게 합동 세례를 베풀기 시작한 지 꼭 4년째 되는 해였습니다.

그 후 2년이 지난 오늘, 되돌아보면 복음화는 이제 양의 목표는 달성하였습니다. 작년에 이어 올해도 졸업생의 50% 이상이 세례를 받았고, 교직원의 70% 이상이 그리스도를 영접하였습니다. 이제는 질의 복음화로 변화되어야 하겠습니다. 모든 기독교사들이 생활 현장 속에서 솔선수범해야 합니다. 나를 포함한 우리 모두가 예수 그리스도를 닮아가기 위하여 노력하며, 쉬지 않고 기도하는 예수 그리스도 제자의 모습을 학생들과 아직도 예수 그리스도를 영접하지 않은 교사들에게 보여 예수 그리스도의 증인으로 부족함이 없는 기독 교사가 되는 데 초점을 맞추어야 할 것입니다. 또한 기독 교사들의 영성 및 제자 훈련 등의 프로그램도 개발하고, 학생 신앙을 강화하기 위한 수련회도 계획, 실행하여야 하겠습니다. 이러한 복음화의 주춧돌이 확고히 세워지면 그 위에 하나님께서 학력 신장의 축복을 이 학원 위에 듬뿍 주시리라 믿고 있습니다. 이것이 그분 자신이 자기의 영광을 드러나게 하는 길이기 때문입니다.

오늘은 이러한 생각의 바탕 위에 학력 신장에 관하여 우리가 읽은 성경 본문 말씀 '여호와를 경외함이 지혜의 근본이니라'에 초점을 맞추어 저의 생각을 여러분과 나누어 보고자 합니다.

2. 오늘의 주제 : 학력신장

지난 10월 30일자 대구 매일 신문 주간 데스크에 실린 '학교를 되찾자'는 제목의 글은 다음과 같이 시작되고 있었습니다.

'두 자리 수 덧셈이나 뺄셈을 못하는 중학 신입생이 전체 신입생의 3.5%이고 간단한 분수 계산을 못하는 고교 신입생은 11.3%나 됐다. 대구시 교육청이 올 3월 실시한 학력고사 결과다. 기초학력 부진 학생은 해마다 그 비율이 증가하고 있는 것으로 조사됐다. 그런데 이런 학습 부진 현상이 공부 못하는 학생들에게만 국한된 현상이 아니라는 데 문제의 심각성이 있다. 서울대는 지난 1학기 동안 681명을 학사 경고했고 이 중 6명은 4차례 학사 경고로 제명했다. 서울대가 이 지경인데야 다른 대학생들은 더 말할 필요가 없을 듯하다.'

그 글의 논지는 기초 학력 저하의 요인으로 수능시험 출제의 유형과 안정되지 못한 난이도, 공부하지 않는 학생, 학교 교육의 실패, 교육 정책의 실패 등을 지적하면서 학교 당국의 각성과 교육 전문가들이 100년 앞을 내다보는 교육 정책을 내 놓기를 건의하고 있었습니다.

또 11월 12일자 조선일보 사설에는 그 전날 한 초등학교 5학년 학생이 '내가 왜 학교와 학원을 오가며 어른보다 더 공부를 해야 하는지 이해할 수 없다', '물고기처럼 자유로워지고 싶다.'라는 등의 글을 일기장에 남겨 놓고 자살한 사건에 대하여 다음과 같이 논평하고 있었습니다.

"한 어린 생명이 제 목숨을 끊은 엊그제 자살사건은 우리 사회에 방치된 가장 비극적인 억압구조를 드러낸다. 이번 경우는 아니지만 어린애의 눈높이로 봤을 때 쉴 틈 없는 과외, 성적 부진, 따돌림, 학원 폭력, 지나친 간섭, 몰이해, 학대, 가정불화로 둘러싸이면 그것은 숨쉬기 힘든 장벽이 될 것이다. 물론 아이를 온실에서 키울 순 없다. 장벽 앞에 절망하는 아이는 조정과 단련도 필요하다. 부모들 모두가 '어미 사자'를 흉내내는 것은 아니겠으나 아이들도 절벽 밑에서 기어올라 자랑스런 새끼가 되고 싶다. 이 아이 역시 그 고통 속에서 오히려 성적도 우수하고 성격도 쾌활했다는 증언에서 어린것의 안간힘을 본 것 같아 착잡하다. 사회 전반의 과열도 문제지만 그에 앞서 아이가 마지막으로 내민 손을 잡아줄 창구가 없었던 것이 애통한 것이다."

저는 이 기사를 읽으면서 '그 마지막으로 내민 손을 잡아줄 창구가 없었던 것이 애통한 것이다.'라는 결론에 시선을 뗄 수 없었습니다. 누가 그 창구가 되어 줄 것인가? 제가? 여러분이? 우리 성광 학원에는 오를 수 없는 절벽 밑에서 구원의 손을 내미는 학생은 없는지? 성광의 구원 잣대 또는 창구가 무엇인지 자문하여 보았습니다.

여기서 한 가지 분명한 것은 해방 후 57년간의 역사 속에서 인본주의 사상에 기초한 한국의 인본주의 교육은 성공하고 있지 않다는 결론입니다. 어쩌면 실패하고 있다고 말하여야 더 정확할지 모르겠습니다.

저는 2년 전 여러분에게 이러한 교육 문제의 책임이 누구한테 있건 문제는 우리의 많은 젊은이들이 배움의 즐거움을 잃어버리고 있으며 적지 않은 교사들이 가르침의 즐거움을 잃어버리고 있다는 데서 시작됩니다. 우리는 이 배움터의 즐거움을 학생들에게 찾아 주어야 하는 사명이 있으며 우리 스스로 가르침의 즐거움을 찾아야 한다고 주장하였습니다.

이 문제를 가지고 저는 지난 한 달 동안 20여 명의 선생님들과 인생의 가치관, 꿈, 목표, 즐거운 일, 학력 신장 방법 등의 화두를 갖고 많은 대화를 하였으며, 또 채종업 목사님 주도하에 고2 학생들이 쓴 가상 유언장 100여 편도 읽어 보았습니다.

선생님들과 대화하면서 얻은 결론은 누구든지 확고한 인생관, 가치관, 세상관을 가진 이는 사는 동안 이루고자 하는 꿈을 가지고 있으며, 꿈을 가진 이는 그것을 위해 구체적인 목표를 설정하는 힘이 있다는 것입니다. 그리고 그들은 그 목표를 달성하기 위해 노력하며 그 노력의 결실이 현실화 될 때는 즐겁고 기쁨과 행복감을 만끽할 수 있으며 또 목표를 달성치 못하여 좌절감을 느낄 때도 있으나 이러한 좌절감들을 잘 극복해 나가는 힘을 갖고 있다는 것이었습니다.

물론 적은 숫자이긴 하지만 확고한 인생관이 없다 할지라도 우연한 기회에 어떤 일에 노출되고 그것을 해 보니 적성에 맞기도 하고 남보다 발전 속도가 빠르다는 것을 발견할 때 즐거움과 재미가 있어 더욱 그 분야에 심취하게 되고 꿈도 키우게 되었다는 분도 있습니다. 자기 적성과 재능을 우연히 발견한 경우가 되겠습니다.

　고2 학생들의 가상 유언장에서는 거의 모든 학생들이 이제까지의 삶을 후회하고 있으며 삶이 자랑스럽지 못했고 보다 더 가치 있는 삶을 원하고 있었으며 또한 그동안 그들을 돌봐준 부모님들과 친구 및 선생님들께 감사하다는 내용이 간혹 눈에 띄기도 했습니다. 그러나 극히 소수의 학생 의외에는 자기 생의 가치관이라든가 꿈에 대하여 논의하면서 이를 이루지 못하고 일찍 이 세상을 떠남을 안타까워하거나 자기가 가지고 있는 재능을 펴 보기도 전에 유언장을 쓰게 된 입장을 한탄하는 내용의 글이 없었다는 것은 우리 젊은이들이 미래 비전과 삶의 방향에 대하여 생각하고 있지 않거나 혹 있다 하더라도 확고하고 구체적이지 않거나 또는 수능 시험의 중압감이 이를 표현하지 못하게 하는 것이 아닌가 하는 생각이 들었습니다. 또는 꿈을 꾸고 싶고 희망을 갖고 싶어도 이를 위한 길을 보여주는 스승이 없었거나 사회의 현재 여건이 그렇게 한가하게 젊은이들은 내버려 두고 있지 않다는 생각들을 하게 됩니다. 또 획일적인 오늘의 교육 현실이 우연한 기회일지라도 자기의 재능을 찾게 하고 이를 계발할 수 없었다는 것이 퍽 아쉬웠던 점이었습니다.

　학생들의 유언장을 읽으면서 느낄 수 있었던 것은 학생들은 자기들의 현재 생활 형태가 무엇인가 잘못되어 있으며 이를 고치기를 원하고 있고 마음의 그 진정한 중심으로부터 참된 것을 배우고 싶어 한다는 것입니다. 순간적인 재미에 끌리면서도 동시에 진리에 목말라 하고 있다는 것입니다. 삶의 진정한 의미를 깨닫기 원하고 있으며 왜 공부를 해야 하는지를 알고 싶어 한다는 것입니다.

2000년도에 99.26점으로 서울대 수석으로 졸업한 김동환 전도사의 저서 '다니엘학습법' 표지에 '왜? 무엇 때문에? 이 고생을 하며 공부해야 하는가에 대한 명확한 답을 찾으면 아이들은 무섭게 공부하기 시작한다'는 서두가 마음에 깊이 와 닿습니다. 우리가 만일 성광 학생들에게 왜, 무엇 때문에 이 고생을 하며 공부하야 하는가에 대한 해답을 명쾌하게 줄 수만 있다면 우리의 학력은 기하급수적으로 향상되리라는 생각을 갖게 됩니다. 특히 이 대답이 하나님이 기뻐하시는 것이라면 하나님께서 직접 간섭하시어 성광의 학력은 기하급수의 제곱으로 신장하리라 믿습니다. 이에 대한 대답은 의외로 우리 가까이 있다는 것을 깨닫는 데는 오랜 시간이 걸리지 않았습니다.

오늘 본문에서 읽은 말씀 '여호와를 경외하는 것이 지혜의 근본이요'가 바로 그 대답입니다. 우리가 매일 학교에서 접하는 성경 구절입니다.

여기서 여호와를 경외한다는 것은 여호와를 공경하고 두려워하는 마음을 의미하고 있습니다. 피조물은 인간이 창조주 하나님 앞에서 경외하는 마음을 갖는 것은 당연한 일이며 신앙에 있어서 없어서는 안 될 중요한 요소입니다. 하나님을 경외하는 마음이 있을 때 항상 하나님을 마음에 두고 있을 것이며 이렇게 할 때 하나님의 뜻이 무엇인지 깨닫는 지혜를 주신다는 것입니다. 오늘 학력과 연관하여 하나님 뜻을 창세기에서 찾아보고자 합니다.

창세기 1장 27~28절에 의하면 하나님께서는 우리 인간을 창조하실 때 자기의 형상대로 창조하셨고 또 복을 주시며 모든 다른 피조물들을 다스리게 하셨습니다. 따라서 이렇게 창조된 우리들 삶의 궁극적인 목적은 무엇을 하든지 하나님을 영화롭게 하고 그의 영광을 드러내는 것입니다.

그것이 우리 마음을 감찰하시는 하나님을 기쁘시게 하는 것이라는 것을 깨닫는 지혜야말로 모든 지혜의 근본이 아닌가 생각됩니다. 모든 다른 피조물들을 다스리게 하기 위하여 하나님께서는 우리 모두 각자에게 각각 다른 재능과 능력과 자질을 선물로 주셨고 우리는 이 선물을 갈고 닦아 그분의 뜻을 이룩하는 데 최선을 다하여야 할 의무를 가지고 있습니다.

이를 깨닫게 되면 우리 한 사람 한 사람이 하나님 앞에서는 아주 귀한 존재이며, 우리가 피조물들을 다스릴 실력과 능력과 재능을 향상시키는 것도 하나님께서 원하시는 바이고 또 기뻐하시는 것이란 사실을 알게 됩니다. 우리는 성광의 젊은이들에게 이러한 깨달음의 지혜를 전수할 의무를 가지고 있습니다. 수능 시험 성적 몇 점에 웃고 우는 젊은이가 아니라 하나님께서 각자에게 주신 그 재능과 능력에 따라 최선을 다하여 주신 선물을 항상 감사하며 하나님께 쉬지 않고 기도하며 말씀을 묵상하는 생활 속에서 항상 기뻐하는 젊은이들이 되게 지도하여야 할 것입니다. 여러분들이 진심으로 이를 깨닫는다면 하나님께서 기뻐하시는 교사 즉 예수 그리스도를 닮는 교사가 되기 위하여 기쁜 마음으로 노력하고 이를 실행에 옮기는 교사가 되리라 믿습니다.

성경에서는 이러한 지혜를 깨달은 자에게 이렇게 약속하고 있습니다. 잠언 1장 5절에 '지혜있는 자는 듣고 학식이 더할 것이요', 10장 14절에 '지혜로운 자는 지식을 간직하거니와', 15장 2절에 '지혜 있는 자의 혀는 지식을 선히 베풀고'의 말씀과 같이 학식을 더욱 주실 것을 말입니다.

얼마 전 김호식 목사님께서 저에게 조금 전에 언급한 김동환 전도사의 '다니엘 학습법'이란 책을 보여 주셨습니다. 김동환 전도사는 10대 시절에 다니엘처럼 되겠다고 굳게 결심하고 서울대학교를 2000년도에 수석으로 졸업하고 곧바로 총신대학교 신학대학원에 진학한 분입니다. 이 책을 읽으면서 지금부터 43년 전 서울공대를 수석으로 나온 한 젊은이의 학습 방법과 유사한 점이 많다고 생각되어 양교 교장선생님을 통해 모든 선생님들께

이 책을 정독할 것을 권했습니다. 현재 약 20여 권의 책이 여러분들 가운데 배포되어 있는 줄 압니다.

이 책에서 언급한 몇 가지만 소개해 보겠습니다.

가. 그의 기도 가운데 "이 시간에 집중력을 주시면 제가 공부할 것을 다 할 수 있다고 믿습니다. 그러니 하나님 도와주십시오."
하나님께 결과의 축복을 기도하는 것이 아니라 충실한 준비과정을 도와 달라고 하는 내용이 돋보입니다.

나. 제 동생 경한이는 의사입니다. 그는 의사가 되기 위하여 수많은 시간을 공부하고 임상훈련을 쌓았습니다. 육신의 병을 고치는 의사도 저렇게 열심히 공부하느라 밤잠을 못 자는데 하물며 영혼을 고치고 돌볼 목사가 되려면 어떻게 하여야 될까요? 저는 목회자가 되려면 더욱더 공부하고 준비해야 한다고 생각했습니다.

여러분, 교사는 목사님보다 의사보다 어쩌면 더 중요한 직책일지 모릅니다. 우리들은 이러한 사명감과 교사의 직분을 주신 하나님께 감사드리고 있습니까? 하나님이 기뻐하시는 교사가 되기 위하여 혼신의 노력을 다하고 있습니까? 아니면 하나의 생계 수단으로 돈 버는 직업으로만 생각합니까? 돈벌이 직업으로만 생각합니까? 돈벌이 직업으로만 생각한다면 술집에서 술 파는 이와 다른 점이 무엇이라 생각합니까?

다. 왜 열심히 공부하느냐고 물으면 제 대답은 한결 같습니다. 하나님이 기뻐하시는 일이기 때문입니다. 더 열심히 공부하고 싶습니다.
하나님이 좋아하신다는 사실 하나만으로 저는 충분합니다.
여러분들의 대답은 무엇입니까?

라. 공부에 염증을 느끼는 학생에게는 먼저 기도하고 성경을 가르쳐주고 복음을 전합니다. 마음의 상처가 치유되지 않은 상태에서 공부를 하면 효과가 없습니다.

마. 아이들이 왜 공부해야 되는지 명확하게 자각하기 전까지 공부를 시키지 않습니다.

바. 힘든 점은 여러 사람을 가르치더라도 그 학생 한명 한명의 특성을 전부 알아야 된다는 것입니다. 그래야 공부 계획을 짤 수 있기 때문입니다.

사. 아이들에게 단순히 공부만 가르친다고 성적이 오르는 것이 아닙니다. 솔선수범 하여 그들을 제자 삼아서 영성과 인격과 실력을 함께 키워주는 제자 훈련을 하면 그때 그들이 바뀝니다.

여러분들 중 이 책을 아직 읽어보지 못하신 분은 꼭 읽어 주시기 바랍니다. 이 책을 읽으면서 스스로 부끄럽게 느꼈던 것은 그리스도를 진심으로 따르는 한 사람의 젊은이가 불과 수년의 배움과 가르침의 경험 속에서 다니엘 학습법이란 베스트셀러의 책을 발간했는데 우리 성광은 그 동안 무엇을 하였는가? 지난 50여 년의 가르침의 경험을 가진 학교가 일반 인본주의 교육 방법에서 탈피한, 하나님께서 진정으로 기뻐하시고 그 분의 영광을 나타낼 수 있는 교습방법을 개발한 일이 있는가? 개발하려고 노력한 일이 있었는가? 우리만의 비법을 가지고 있는가? 하나님께 기도하며 그분의 지혜를 구해 본 일이 있는가? 깊이 묵상하고 반성해 볼 일입니다. 꾸러기반, 꾸밈반, 기초반 등의 노력을 하고 있지만 아직도 갈 길이 요원합니다. 이제 우리는 하나님 보시기에 기뻐하실 성광 학습지 또는 성공 교육 지침을 개발할 때가 되었다고 생각지 않습니까?

이 책과 함께 지난 5월에 추천한 두 권의 책 '누가 내 치즈를 옮겼을까?'와 '하이파이브'를 꼭 읽어보시기 바랍니다. 첫 번째 책은 변하는 세상과 변하는 학생들에게 발 빠른 대응을 하여야 된다는 교훈을 우리에게 주고 있으며, 두 번째 책은 우리 성광이 비전을 공유하고 각자가 자기가 갖고 있는 재능과 능력을 갈고 닦아 모두가 같이 협력해 나간다면 불가능하게 보이는 우리의 비전을 달성할 수 있다는 교훈을 주고 있습니다. 다니엘 학습법은 영성, 인격, 실력의 교육이 하나가 되어야 한다는 교훈을 주고 있는 책입니다. 이 모든 것이 여호와를 경외함이 지혜의 근본이라는 말씀에서 시작하고 있다는 사실을 잊어버려서는 안 될 것입니다.

3. 결론

복음화 운동 시작 후 5년 만에 세례의 열매를 허락하여 주셨으며 그후 4년째 되는 2000년도에 새로운 비전을 보여주셨습니다. 이제 복음화는 양에서 질로 변화해야 할 때가 되었으며, 학력 향상은 지금까지 해온 방식에서 탈피하여 하나님 방식으로 바꾸어 하나님께서 친히 간섭하시는 방법으로 전환하여야 하겠습니다. 천지를 창조하시고 우리 인간들을 창조하신 하나님의 뜻을 깨닫는 지혜를 얻을 때 가르침의 참 기쁨을 얻을 것이고 학생들은 배움의 즐거움을 찾을 것이며 그렇게 할 때 인자하심과 자비하심이 영원한 하나님께서 학력신장의 축복도 듬뿍 주실 줄 믿습니다.

이 깨달음의 지혜가 부족하십니까? 기도합시다. 야고보서 1장 5절에 '너희 중에 누구든지 지혜가 부족하거든 모든 사람에게 후히 주시고 꾸짖지 아니하시는 하나님께 구하라. 그리하면 주시리라.'고 약속하여 주셨습니다.

지금 이 시간부터 하나님이 주시는 말씀대로 살기로 결심하고 노력하는 모습을 보인다면 비전을 주신 후 3년째가 되는 2003년부터는 학력 신장에서도 뛰어난 일들이 일어나기 시작할 것입니다. 지금까지 해온 방법으로는 학력 향상에는 한계에 도달했다고 생각합니다.

잠언 16장 9절의 말씀으로 오늘 메시지를 마치겠습니다.

'사람이 마음으로 자기의 길을 계획할지라도 그 걸음을 인도하는 자는 여호와시니라'

배움의 즐거움을 찾아야

「성광의 아름다운 선교이야기」 6호(2015)

2014년 9월 16일자 조선일보에 게재된 김대중 칼럼 '가치관의 혼돈'이란 글을 저는 퍽 의미 있게 읽었습니다. 그 글 중 일부를 소개하고자 합니다.

"지금 우리는 심각한 가치관의 혼돈에 빠져 있다. 어느 것이 옳고 그른지, 어느 쪽이 바른 길인지의 판단 문제는 고사하고 상호 모순되는, 때로는 정반대의 가치관이 한 몸에 공존하는 어지러운 상황이다…(생략)…. 우리는 나라를 우습게 여기면서도 나라가 모든 것을 다 해결해줄 것을 요구한다. 나라나 정부를 개판을 만들면서 툭하면 '이것 해내라, 저것 해내라' 라고 한다. 모든 것이 나라 책임이고 정부 탓이고 대통령 잘못이라면서 자신들은 정작 나라의 무거움과 대통령 자리의 엄중함을 조금도 인정하지 않는다. …(생략)… 나라가 모든 것을 다

해줄 것처럼 호들갑을 떤 것도 사실이다. 대통령이 감정 또는 이해득실에 이끌려 필요 이상으로 나서고 관련 하는 일종의 포퓰리즘이 상황을 더 꼬이게 만드는 역작용을 했음을 뒤늦게 깨닫고 있겠지만 그것 역시 자업자득이다. 두려운 것은 이런 가치관의 전도랄까 의식의 모순성이 지금 이 나라를 이끌어 가는 중심 세력에 만연해 있고 더 나아가 미래를 책임질 젊은 세대에서 자주 목격된다는 사실이다. 어째서 이러한 현상이 생기는 가는 전문가들이 분석할 일이지만 교육에 그 원인이 있지 않나 생각한다. 지금 공교육은 입시 교육, 취업교육에 모든 코드가 맞춰져 있다. 공공의식, 공동체 의식은 뒷전이다. 가정교육이 그 빈자리를 메울 수 있어야 하는데 가정에서의 교육은 어쩌면 공교육보다 더 많이, 더 깊이 남 제치고 나 살기 재주에 집중해 있는 듯하다. 자기 자식 감싸고 남 따귀 갈기는 것이 교육인 줄 안다. 자라나는 세대에 희생, 양보, 인내, 배려, 관용, 타협 등 인간다운 삶의 본질 요소들은 가르치지 않는 나라에 진정한 선진화의 미래를 기대 할 수 없다….(생략)…"

저는 이 글을 읽으면서 우리나라의 공교육 특히 중·고등학교의 교육이 입시교육에 초점이 맞추어져 미래를 짊어지고 갈 우리 젊은이들에게 올바른 삶의 가치관을 가르치지 못하였고, 따라서 우리 젊은이들은 올바른 삶의 길을 배우지 못하였다는 사실을 통감하게 됩니다. 그 동안 우리 성광학원은 이 문제를 가지고 오랫동안 고민한 끝에 이에 대한 해결책은 성경 말씀에 바탕

한 인성 교육 이외에는 대안이 없다는 결론을 내렸습니다.

　태초에 하나님이 천지를 창조하실 때 우리 인간을 자기의 형상대로 창조 하시고 우리들에게 복을 주시고 이르시되 '생육하고 번성하여 땅에 충만하라, 땅을 정복하라, 하나님의 창조하신 모든 생물들을 다스리라'라고 하셨습니다. 즉 하나님이 창조하신 모든 피조물들을 관리하는 책임을 우리들에게 부여하신 것입니다. 하나님께서는 단순히 이렇게 명령만 하신 것이 아니라 이를 수행할 수 있는 재능을 각자에게 주시고 이를 갈고 닦아 그 역량을 키워 이를 바로 사용하기를 원하는 본능과 성품을 주셨습니다. 즉 배움을 갈망하는 본능과 이제까지 몰랐던 것을 배워서 깨우쳐 알고 이를 생활에 적용하여 더 나은 사회를 만들고, 올바른 삶을 살 때 큰 즐거움을 느끼는 성품을 주셨습니다.

　배움은 모태에서 시작하여 우리가 이 세상을 마칠 때까지 끊임없이 이어지는 것입니다. 갓 태어난 아기는 생존을 위하여, 유아기에는 호기심을 채우기 위하여, 학창시절에는 자기 발전을 위하여 새로운 것을 배워 나갑니다. 성인이 되어 사회에 나아가서는 각자의 꿈을 이루기 위하여, 지속적으로 변하는 상황에 대처할 수 있는 능력을 위하여, 새로운 삶을 개척하기 위하여, 건강하고 안전하고 평화스러운 사회와 하나님의 창조 질서를 지키는 사회를 만들기 위하여, 나만 위함이 아니라 이웃을 배려하고 도우며 더불어 사는 사회를 만들기 위하여 우리는 끊임없이 배우고 이를 실천하는 삶이 되어야 합니다. 잘못된 배움은 잘못된 신념을 낳고 잘못된 신념은 잘못된 행실을 낳기에 우리는 올바른 배움의 자세를 가져야 합니다. 배움은 옳고 그름을 판단하는 능력을 주며, 우리를 무지에서 자유를 주며, 자기 발전의 지침대가 되고, 다음 단계로 도약하는데 발판대가 되며, 남을 도울 수 있는 원동력을 공급하며, 험난함을 극복할 수 있는 힘을 부여합니다. 예측하지 못한 일을 당할 때 이를 통하여 새로운 배움을 얻지 못하면 비슷한 잘못과 비극을 반복하게 됩니다. 배움이 없으면 미래를 창조할 수 없습니다. 따라서 배움은 아름다운 것이며 고귀한 것이며 즐거워할 수 있는 것입니다.

배움을 중단하면 몸은 살아 있을지 모르나 정신과 영은 죽은 자나 마찬가지가 됩니다. 배움을 소홀히 하는 자는 과거를 상실하고 미래도 없다는 어느 선각자의 말씀을 저는 되뇌게 됩니다. 나이 칠십이 되어서도 한글과 영어 배우기를 시도하고 컴퓨터 등을 새로이 배우기 시작하는 어르신들의 사례가 바로 배움의 즐거움을 얻기 위한 갈망에서 비롯된 것입니다.

심각한 문제는 요즈음의 젊은이들이 하나님께서 우리에게 주신 큰 선물인 배움의 즐거움을 잊어버리고 있다는 사실입니다. 입시 교육의 중압감 때문에 배움은 즐거운 것이 아니라 고난의 행군이라 생각하고 있다는 것입니다. 입시에 필요하지 않은 분야는 아예 배우려 하지 않고 있습니다. 우리 성광학원의 교사들은 우리 학생들에게 배움의 즐거움을 찾아 주어야 합니다. 이를 위하여 먼저 교사 자신이 배움의 즐거움을 가져야 합니다. 배움의 즐거움은 단순 지식 축적에서 오는 것이 아니라 자기의 전문 분야를 통하여 세상을 또한 하나님의 다른 모든 피조물들을 보는 안목을 키우고 또 이들을 통하여 자신의 전문 분야를 더욱 심화시키며 미래를 바라보는 안목을 키우는 데서 비롯됩니다. 교사들은 지속적으로 변화, 성장 성숙의 과정을 실천하는 삶이 되어야 합니다. 교사들의 이러한 모습이 여러분들의 제자들에게 보이고 이를 학생들이 느끼게 되면 학생들은 교사들을 닮아가게 되어 배움의 즐거움도 회복될 것입니다. 이렇게 하지 못한다면 우리는 하나님께서 우리에게 주신 배움에 대한 갈망과 배움의 즐거움을 잊어버리게 됩니다. 이와 수반해서 교사는 가르침의 즐거움도 찾아야 합니다.

요즘은 지식 정보의 시대라 하지만 머지않아 지식 정보는 많은 사람들이 쉽게 접하게 되는 시대가 급속히 다가오고 있습니다. 이때가 되면 지식 정보가 세계를 이끌어 가는 것이 아니라 얻은 지식 정보를 인류 사회를 위하여 올바르게 사용할 줄 아는 지혜와 영적 성숙과 강인함이 요구되는 시대가 될 것입니다. 배움의 즐거움을 잊어버린 자, 나아가 그들의 사회나 국가는 다가오는 멀지 않은 새로운 시대에 많은 고통을 당하게 될 것입니다. 우리 성광학원은 미래를 준비하는 젊은이들에게 배움의 즐거움을 찾아주는 사명을 가지고 있다는 것을 잊어버려서는 안 될 것입니다. 이 사명을 다하지 못한다면 하나님의 뜻을 수용하지 못하고 있다는 것을 기억해야겠습니다. 배움의 즐거움을 찾겠다고 결심하는 성광학원의 모든 가족들에게 하나님의 무한하신 은총이 듬뿍 내리시기를 기원합니다.

성광의 교훈과 배움의 즐거움

성광고 교우지 치사 「聖光」 58호(2019)

　64년의 역사를 가진 우리 학교 교훈은 '자신을 알자, 힘을 기르자, 새것을 찾자'입니다. 저는 이 교훈을 음미할 때마다 본교 설립자의 깊은 뜻이 담겨있는 것을 깨닫게 됩니다. 오늘 저는 이 교훈을 성광의 교육에 어떻게 적용할 것인지에 대하여 잠시 생각해 보고자 합니다.

　저는 요즈음 많은 중·고등학생들이 내신 성적이 향상되지 않아서 모의고사, 수능 성적이 좋지 않아서 실망하고 낙심하는 모습을 보면서 인생을 너무나 짧은 안목으로 보고 있다고 생각하면서 안타까운 생각을 버릴 수 없습니다. 공교육의 많은 학교들이 시험을 잘 쳐 좋은 대학에 보내는 것이 모든 교육의 목표인 양 되어 학교에서는 시험 잘 치는 지식 전수만 있는 장소가 되어 버렸고 적지 않은 부모님들은 자식들이 시험을 잘 쳐 좋은 성적을 내면 훌륭한 교육을 받고 있다고 생각하는 경향이 있습니다. 물론 좋은 성적을 받고 대학 입시 시험을 잘 쳐서 자기가 원하는 대학에 진학하는 것이 중요합니다. 그러나 이것이 교육의 전부라 생각하면 이는 진정한 교육이라 할 수 없습니다.

진정한 교육은 젊은이들이 교육과정을 통하여 하나님이 각자에게 주신 재능을 발견하고 이를 갈고 닦아 이를 바탕으로 하여 스스로 변화되고 발전하고 성숙되어 가면서 자기 자신의 참 모습을 발견하는(자신을 알자) 데서 시작됩니다. 삶의 목적을 뚜렷하게 세우고 꿈과 희망을 가지고 훌륭하고 능력 있는 시민이 되어 인생을 살아가면서 어떤 역경이 오더라도 이를 극복 할 수 있는 힘 있는 인재, 또한 지속적으로 그리고 빠르게 변하는 세상 속에서 변화의 물결 속에서 헤어나지 못하고 허우적거리는 삶이 아니라 변화의 물결 위에서뿐만 아니라 변화의 물결을 뛰어넘을 수 있는 능력(힘을 기르자) 있는 인재를 양육하는 교육이 진정 영혼 있는, 즉 살아 움직이는 교육이라 생각합니다. 이것을 우리 학생들이 학교 교육과정을 통하여 깨닫게 되면 스스로 왜 공부를 하여야 하는 지를 깨닫게 되어 배움의 기쁨을 찾게 되며 배움은 젊었을 때 일시적으로 학교에서 하는 것이 아니라 일평생을 통하여 이어지는 과정이란 것을 깨닫게 될 것입니다. 이를 통해 배움의 즐거움을 깨닫게 되면 학교에서의 성적은 저절로 올라가게 되며 이러한 인재들은 좋은 대학으로 진학 할 뿐 아니라 인생을 통하여 많은 훌륭한 업적을 남기는 인재가 될 것입니다.

　머지않아 지식 정보는 많은 사람들이 쉽게 접하는 시대가 속히 다가오고 있으며 우리 삶의 패러다임을 바꿀 기술은 우리 인간들의 깨달음보다 더 빠른 속도로 개발·발전되어 지식과 정보가 세계를 이끌어 가는 것이 아니라 얻은 지식과 정보를 바탕으로 하여 사회를 보는 바른 안목을 가지고 인류사회를 위하여 정의와 공의가 살아 있는 사회를 위하여 올바르게 사용 할 줄 아는 지혜와 영적 성숙과 강인함을 가진 인재가 세계를 이끌어 갈 것입니다. 그러한 인재를 양육하기 위해 배움이 고난의 길이 아니라 배움의 즐거움을 깨닫고 터득하는 교육이 되어야 할 것입니다. 하나님께서는 우리 각자에게 필요한 재능을 주시고 이를 갈고 닦아 그 역량을 키워 이를 바로 사용하기를 원하는 본능과 성품을 주셨습니다. 즉 배움을 갈망하는 본능과 이제까지 몰랐던 것을 배워 깨우치며 이를 일상생활에 적용하여 더 나은 사회를 만들고 올바른 삶을 살 때 큰 즐거움을 느끼는 성품을 주셨습니다. 우리는 한 영혼이 천하보다 귀하다는 사실을 가슴에 품고 우리 학생들로 하여금 이를 깨달을 수 있게 쉬지 않고 지도해야 합니다. 이를 위해서 선생님 자신들이 이를 생활화하여야 합니다.

　우리는 지금 격변하는 세계 속에서 퍽 어려운 시기를 보내고 있습니다. 그러나 우리는 절대로 절망해서는 안 됩니다. 우리 민족은 일제의 강점기나 6.25와 같은 더 힘든 시기를 극복하여 오늘의 번영을 이룩한 우수한 민족입니다. 오늘의 어려움에 집착하기보다는 감사 할 일들을 돌아보면서 난관을 극복하여 진리와 공의가 살아가는 나라로 성장할 수 있도록 기도를 하면서 우리 제자들을 양육하여야 합니다.

 2019학년도에도 우리 성광 가족들은 나라가 어려운 시기에도 하나님 말씀에 기초하여 영혼 있는 교육을 통하여 배움의 즐거움을 찾아 일평생을 통하여 자기 발전을 도모하고 H.S.E 사회를 이룩하는데 크게 기여하는 삶이 되고 항상 하나님께 감사하는 삶을 살 수 있기를 기원합니다. 감사하는 마음은 진정한 행복의 시작입니다. 감사하는 마음으로 모든 일에 임하여 우리 성광학원이 곳곳에서 주님의 성스러운 빛을 발하는 하나님이 기뻐하시는 명문 사학으로 더욱 굳건히 자리매김하는 한 해가 되기를 소망합니다.

3) 건강하고 안전한 환경을 갖춘 학원
 - H.S.E 운동

90年代를 맞이하면서
-매일매일 새로워지는 생활하기를-

성광고 교우지 치사 「聖光」 29호(1990)

　　다사다난했던 80년대를 보내고 90년대를 맞이하는 첫해에 성광 건아들의 對話의 場인 성광지에 몇 마디 싣게 됨을 퍽 기쁘게 생각합니다. 2000여 년 전 하나님께서는 이 세상 사람들이 율법에 의해서는 구원 받을 수 없는 지경에 이른 것을 보시고 그의 독생자 예수 그리스도를 이 세상에 보내사 우리의 죄를 대신하여 십자가상에서 피 흘려 우리의 죄를 씻어 주시고 또 부활의 사건을 통해 예수 그리스도를 구주로 영접하고 이를 믿는 이에게는 영생의 구언을 주시는 은혜의 새로운 시대를 여시었습니다. 즉 율법에 의한 육신적, 현세적 구원의 시대에서 믿음으로 죄와 사망에 구언을 얻는 새로워진 시대를 시작하였습니다. 어느 날 유대인 관원인 니고데모가 예수께 찾아와서 영생의 길을 물었을 때 "사람이 거듭나지 아니하면 하나님 나라를 볼 수 없다."라고 대답하셨습니다. 새로워지지 아니하면 영생을 얻을 수 없다는 말씀이셨습니다. 기독교 복음전파의 거장인 사도 바울께서는 "너희는 유혹의 욕심을 따라 의와 진리의 거룩함으로 지으심을 받은 새 사람을 입으라."고 하셨습니다. 즉 새로워진 사람이 되기를 권고하고 계신 것입니다.

우리가 어떻게 하면 새로워지는 삶을 살 수 있겠습니까? 성경은 이에 대하여 잘 대답해 주고 있습니다. "그런즉 누구든지 그리스도 안에 있으면 새로운 피조물이다. 이전 것은 지나갔으니, 보라 새 것이 되었도다." 새로워지는 삶의 첫걸음은 예수 그리스도를 내 구주로 영접하고 그와 함께 더불어 사는 삶을 시작하는 것입니다.

새로워지는 삶의 과정은 대개 3가지로 볼 수 있습니다.

첫째는 사도 바울 선생께서 말씀하신 바와 같이 과거의 잘못된 생활을 과감히 버리는 것입니다. 이 세상에는 여러분이나 나나 누구나 할 것 없이 자기만이 알고 있는 나쁜 버릇이 있습니다. 나쁜 버릇, 구습들을 용기를 갖고 버려야 되겠습니다. 대망의 90년대를 맞이하여 우리 성광건아들 각자가 갖고 있는 나쁜 버릇들을 버리도록 합시다.
두 번째는 이 세상에는 아무리 못난 사람들이라도 하나님께서 주신 좋은 선물은 누구나 다 적어도 하나씩은 갖고 있습니다. 성경에 이러한 이야기가 있습니다. 어떤 사람이 먼 나라로 떠나면서 자기의 종들을 불러 각자 재능대로 한 사람에게는 금 다섯 달란트를, 하나에게는 두 달란트를, 하나에게는 한 달란트를 주었습니다. 다섯 달란트와 두 달란트를 받은 사람은 그 길로 나가서 장사하여 그 받은 바의 두 배를 만들었습니다. 한 달란트를 받은 사람은 땅을 파서 그 돈을 감추어 두고 게으름을 피우면서 아무 일도 하지 않았습니다. 나중에 주인이 돌아와서 두 배를 늘린 사람에게는 칭찬과 후한 상금을 주었고 아무 것도 하지 않은 사람은 크게 꾸짖고 그 집에서 쫓아내어 버렸습니다. 여러분이나 나 하나님께서는 우리의 능력대로 달란트를 주셨습니다. 그 달란트의 내용은 각자가 다릅니다. 하나님께서 우리에게 주신 선물을 허비하지 말고 잘 갈고 닦아서 그 가치가 두 배 아니 그 이상이 되도록 노력하여야 되겠습니다. 그렇게 하자면 오늘의 삶이 어제의 삶보다 좀더 나아지고 새로워지도록 힘써야 되겠고 어제 했던 가장 훌륭한 일보다는 오늘 더 잘해 보고자 하는 노력이 있어야 될 것입니다.

세 번째는 새로운 것을 찾아 새 일을 시작하는 것입니다. 우리 학교에 "새 것을 찾자."라는 교훈이 있습니다. 새 것을 찾아 실천해 나가는 삶을 가져야 되겠습니다. 새것을 찾으려면 새로운 꿈을 가져야 되겠습니다.

우리는 조국과 민족을 위하여, 세계의 평화를 위하여, 하나님

나라 건설을 위하여 꿈을 가꾸어야 되겠습니다. 그리고 힘을 키워야 되겠습니다. 성경은 하나님께서 우리와 함께 하실 때 우리가 그리스도 안에 거할 때 새로운 기적이 일어난다고 분명히 가르치고 있습니다.

이제 90년대를 맞이하여 여러분들이 그리스도 안에서 매일 매일 새로워지는 삶을 갖게 되기를 하나님께 간절히 기도드립니다.

성광학원의 비전 – H.S.E 운동

성광교회(2003. 11. 16)

성경 말씀: (창 1장 26절) 하나님이 가라사대 우리의 형상을 따라 우리의 모양대로 우리가 사람을 만들고 그로 바다의 고기와 공중의 새와 육축과 온 땅과 땅에 기는 모든 것을 다스리게 하자 하시고 하나님이 자기 형상 곧 하나님의 형상대로 사람을 창조하시되 남자와 여자를 창조하시고 하나님이 그들에게 복을 주시며 그들에게 이르시되 생육하고 번성하여 땅에 충만하라 땅을 정복하라 바다의 고기와 공중의 새와 땅에 움직이는 모든 생물을 다스리라 하시니라.

우리에게는 우리의 비전이 있습니다. 즉 우리가 젊은이들을 교육함에 있어 '말씀으로 무장하여 무엇을 하든지 뛰어난 일을 함으로 하나님께 영광 돌리는 학원'이 되는 것입니다. 이 비전을 달성하기 위하여 학원 복음화, 학력 신장, H.S.E의 3대 축을 3년 전에 제시했습니다. 오늘은 복음화와 학력신장에 대하여 잠시 회고 해 보고 본문 말씀에 의거하여 H.S.E 운동에 대하여 심도 있게 검토해 보고자 합니다.

　복음화는 그동안 많은 진전을 하였습니다. 그리고 복음화의 틀도 차츰 제 모습을 갖추어 나가고 있습니다. 중·고 학생 세례, 성광교회의 안정, 성광교회 여전도회 활동, 중·고의 화·금요일 교사 신우회 기도회, 중학교의 월요 교사 성경 공부, 토요 교사 새벽 기도회, 부활절, 추수 감사절, 성탄절 등의 계절예배, 지역 교회 방문 순환 예배, 중·고 학생들의 수·금 점심시간을 이용한 찬양 예배, 새나리 중창단 등의 기독 학생들의 동아리 활동, 하루 일과 전의 명상의 시간, 반별로 담임에 따라 '말씀으로 반' 운영, 중학교 주일 학교 시작 등 많은 씨앗들이 뿌려지고 있습니다. 이를 위하여 알게 모르게 수고하시는 여러분들께 감사합니다. 이제 복음화는 말씀 전파의 운동뿐만 아니라 말씀이 우리에게 생활화(the way of life) 되는 성숙단계로 발전해 나가야 될 것입니다. 이를 위하여 우리 성광 교회는 현장 속에서 살아 움직이는 교회, 복음화의 원천(Base Camp)으로서 손색없는 교회가 되어야 할 것입니다.

　학력 면에서는 일 년 전 여호와를 경외함이 지혜의 근본이란 말씀에 의존해서 학력 신장문제를 다루었습니다. 그 때의 요지는 우리들이 하나님의 세상에 대한 참뜻을 깨닫는다면 하나님께서 기뻐하시는 교사, 즉 예수 그리스도를 닮는 교사가 되기 위하여 기쁜 마음으로 노력하고 이를 실행에 옮기는 교사가 될 것이고 이렇게 될 때 우리는 가르침의 즐거움을, 학생은 배움의 즐거움을 찾아 학생과 교사가 하나 되어 학력신장에 놀라운 결과가 나올 것이라는 저의 생각을 여러분과 나누었습니다. 지난 일 년 동안 중·고 모두 좋은 진전을 보이고 있습니다. 중학교의 경우 부산 영재 고등학교에 대구에서 96명의 경쟁자들을 가운데 합격한 일곱 명중 두 명이 성광중학교 출신이며, 고등학교에서는 금년 경북대학교의 수시 모집 일차 합격자 수가 대구에서 최다인 86명이었습니다. 이는 우리 학교에 버금가는 합격자를 배출한 타학교가 60명인 것에 비해 현격한 차이를 보여주고 있습니다. 그러나 아직도 우리가 가야할 길은 멀고 해야 할 일들은 많이 있음을 생각합니다.

  오늘은 우리의 비전 3대 축의 하나인 H.S.E 운동에 관하여 조금 전 읽은 본문 말씀을 가지고 생각을 나누어 보고자 합니다. 하나님이 태초에 우리를 자기의 형상대로 창조하시고 우리들에게 딴 모든 피조물들을 다스리는 권세를 주시고 또 우리들에게 생육하고 번성하여 땅에 충만하라 하셨을 때 어떠한 목적을 갖고 계셨으며 참으로 원하셨던 인간 사회의 모습은 무엇이었을까를 한번 질문해 봅니다. 본문에서는 하나님께서 우리들에게 구체적으로 이에 대한 해답을 주고 계시지는 않지만 성경 여러 곳에서 우리가 그 해 답을 찾아볼 수는 있습니다. 한마디로 요약하면, 디모데전서 4장 4절에 "하나님이 지으신 모든 것이 선하매" 한 것과 같이 선한 뜻과 목적을 가지고 창조하셨다는 것입니다. 그러나 문제는 우리가 에덴동산에서 사탄의 시험에 넘어가 하나님께 불복종한 선악과 사건으로 우리는 하나님의 형상을 잊어버린 것뿐만 아니라 하나님께서 우리에게 주신 모든 피조물들을 정복하고 다스리며 이 땅에서 생육하고 번성하여 땅에 충만하라고 하신 그분의 원래 선한 뜻을 바르게 이해 할 수 있는 능력과 이를 실행 할 수 있는 힘과 이를 향유할 수 있는 권리마저 잃어버리게 된 것입니다. 하나님의 뜻이 아무리 좋은 것이었다 할지라도 이의 주체가 되는 우리 인간들이 이를 실천 할 수 있는 힘을 잃어버렸다면 우리는 그분의 뜻을 이룰 수가 없는 것입니다. 하나님을 잊어버린 인간사의 번성은 어떠한 결과를 낳았습니까? 로마서 1장 28절에서 32절에 이를 잘 묘사하고 있습니다. "또한 저희가 마음에 하나님 두기를 싫어하매 하나님께서 저희를 그 상실한 마음대로 내어 버려두사 합당치 못한 일을 하게 하셨으니 곧 모든 불의, 추악, 탐욕, 시기, 분쟁, 사기, 악독이 가득한 자요, 수군수군하는 자요, 비방하는 자요, 하나님의 미워하시는 자요, 교만한 자요, 자랑하는 자요, 악을 도모하는 자요, 부모를 거역하는 자요, 우매한 자요, 배약(背約)하는 자요, 무정(無情)한 자요 무자비한 자라" 하고 있습니다.

 참으로 비참한 모습을 보여주고 있습니다. 이것이 사도 바울이 그 당대에 보았던 것이라면 오늘날 우리들의 자화상은 어떻습니까? 또 불신과 분쟁과 부정과 집단 이기주의와 남에 대한 무관심으로 가득 찬 오늘날 우리 사회는? 또 테러와 전쟁으로 얼룩진 현재의 국제 정세는 어떠합니까? 우리는 하나님의 선한 뜻을 완전히 잊어버린 것 같이 생각됩니다. 과연 우리는 하나님의 선한 참 뜻을 찾을 힘을 영원히 잊어버린 것입니까? 우리는 희망이 없는 존재들입니까? 저는 그렇게 생각하지 않습니다. 인자하심과 자비하심이 영원하신 하나님께서는 결코 우리들을 버려두지 아니하셨습니다. 예수 그리스도의 십자가 사건은 우리들에게 하나님의 형상을 되찾아 영생의 길을 열어 주신 것뿐만 아니라 이 땅위에서 하나님께서 천지를 창조하실 때 우리들에게 주신 그 축복도 되찾을 수 있게 해주셨습니다. 골로새서 1장 20절의 "그의 십자가의 피로 화평을 이루사 만물 곧 땅에 있는 것들이나 하늘에 있는 것들을 그로 말미암아 자기와 화목케 되기를 기뻐하심이라"라는 사도 바울의 고백이 이를 뒷받침하고 있습니다. 십자가 사건은 우리와 하나님과의 화목 또 하나님과 모든 피조물들과의 화목을 회복하셨으며 이는 우리와 모든 피조물들과의 화목 회복도 뜻하는 것이기 때문입니다. 그리스도의 십자가 사건에 힘입어 예수그리스도를 구주로 영접하여 영생의 구원 은혜를 입은 우리 기독인들은 하나님께서 천지 창조당시 우리에게 주신 선물 즉 모든 다른 피조물들을 다스리고 생육하고 번성하며 땅에 충만하라고 하셨을 때 주님이 진정으로 원하셨던 이 세상의 참 모습을 이해하고 이 참 모습을 되찾으려고 노력하여야 할 것입니다. 이것이 하나님의 뜻을 이행하는 것이며 우리가 매일 매일 외우고 있는 주기도문의 "나라에 임하옵시며 뜻이 하늘에 이룬 것과 같이 땅에서도 이루어지이다" 하는 우리의 소망 기도의 실현을 앞당기는 일이라 생각하게 됩니다.

이제 우리의 권리를 회복하게 된 우리들은 성경에 나타나고 있는 하나님이 우리에게 "모든 피조물들을 다스리고 생육하고 번성하여 땅에 충만하라" 하셨을 때 추구하셨던 이 세상의 모습은 무엇이었을까를 심각하게 생각해 보아야 할 것입니다.

그 첫 번째가 바로 H세상, 즉 건강한 세상입니다. 이에 관한 해답을 예수 그리스도의 공생(共生)에서 찾아볼 수 있습니다. 예수 그리스도께서는 인간의 건강에 많은 관심을 보여주셨습니다. 육체적인 건강에도 관심을 보여 주시고 기적을 많이 베푸셨지만 궁극에는 우리 죄의 사하심 즉 영적인 건강에 공생애의 마지막을 장식한 것을 알 수 있습니다. 마태복음 4장 23절에 "저희 회당에서 가르치시며 천국 복음을 전파하시며 백성 중에 모든 병과 약한 것을 고치시니"라고 말씀하신 것과 같이 혈루병, 문둥병, 소경, 절름발이, 중풍 병자 등을 고쳤습니다. 또 귀신 들린 자들을 고쳐 주셨습니다. 뿐만 아니라 비싼 향유로 예수님의 발을 적시고 머리털로서 발을 씻은 죄 많은 한 여인을 향하여 누가복음 7장 50절의 "네 믿음이 너를 구원하였으니 평안히 가라"라는 말씀으로 영혼의 깨끗함도 해주셨습니다. 궁극에는 십자가상의 사건으로 우리의 죄를 씻어 주시고 그를 구주로 받아들이는 자에게는 영혼의 건강함을 허락하여 주시어 영생의 구원도 선물로 주셨습니다. '예수님께서 중요시하셨던 건강이란 무엇입니까?'라고 자문해 봅니다. 건강은 첫째, 모든 것이 정상이란 것입니다. 있을 곳에 있을 것이 있고 있는 것이 제 역할을 바로 하는 것입니다. 그렇지 못할 때 우리는 이를 '병자'라 합니다. 즉 건강하지 못하다 하는 것입니다 육체와 정신에 고장이 났다고 합니다.

둘째는 있는 것들이 튼튼하여 외부 충격에도 그 정상을 유지할 수 있는 것을 말합니다. 어지간한 기후 변화에도 감기가 걸리지 않는 사람, 남에게 한 대 맞고도 흐트러지지 않는 몸, 또 영적으로는 악한 유혹에 쉽게 넘어 가지 않는 사람, 시험에 빠지지 않는 사람 등으로 묘사 할 수 있을 것입니다. **셋째는 활력이 넘치고 경쾌함이 있는 것을 건강하다고 할 수 있습니다.** 불의를 보고도 가만히 있는 자, 정의를 위하여 싸울 용기가 없는 자를 우리는 결코 건강한 자로 부를 수 없을 것입니다. 이러한 건강의 개념을 우리 개인에게 아니라 우리가 더불어 살아야 하는 사회로 적용 시켜 봅니다. H가 살아있는 사회는 정상적인 사회, 튼튼한 사회, 활력이 넘치는 사회일 것입니다. 예수 그리스도께서 보여주신 건강 운동은 단순한 비정상적인 육체를 정상으로 돌리는 데 국한하지 아니 하였습니다.

우리 성광학원의 H 운동은 그 처음은 육체적인 건강, 즉 체력 향상에서 그 시발점을 찾는 것이지만 더 나아가 영과 정신과 마음이 정상적이고 튼튼하며 활력이 넘치는 개인, 궁극에 가서는 이러한 사회를 만드는데 필요한 인재를 기르는 운동으로 승화되어야 될 것입니다. 진정으로 하나님이 원하셨던 건강한 사회를 이루기 위해서는 이를 실행해야할 주체인 인재, 즉 말씀으로 무장되고 실력 있는 인재를 많이 배출하여야 될 것입니다.

다음은 **S, 즉 Safety 안전 운동**입니다. 우리나라는 아주 심한 안전 불감증에 걸려 있습니다. 학교 구내에서 전기에 감전되어 죽은 초등학생, 대구 지하철 사고, 매년 일어나고 있는 수해 등 등 아주 초보적인 안전에서부터 우리는 안전 중병을 앓고 있습니다. 궁극적인 안전 즉 S 운동은 단순한 무사고가 아니라 마음 편안하게 살 수 있는 사회, 서로 믿고 신뢰하는 사회, 마음 놓고 평화스럽게 살 수 있는 사회를 만드는 운동으로 승화시켜야 한다고 믿고 있습니다. 이러한 S 운동의 토대가 되는 말씀이 성경 여러 곳에 나와 있습니다. 이사야 11장 6-9절에 "그 때에 이리가 어린양과 함께 거 하며 표범이 어린 염소와 함께 누우며 송아지와 사자와 살찐 짐승이 함께 있어 어린아이에게 끌리며 암소와 곰이 함께 먹으며 그것들의 새끼가 함께 엎드리며 사자가 소처럼 풀을 먹을 것이며 젖 먹는 아이가 독사의 구멍에서 장난하며 젖 뗀 어린아이가 독사의 굴에 손을 넣을 것이라 나의 거룩한 산 모든 곳에서 해됨도 없고 상함도 없을 것이니 이는 물이 바다를 덮음같이 여호와를 아는 지식이 세상에 충만할 것임이니라." 또 신약의 마태복음 18장 14절에 "이 소자 중에 하나라도 잃어지는 것은 하늘에 계신 너희 아버지의 뜻이 아니니라." 또한 10계명 중 인간 삶과 관계있는 계명은 모두 S와 관계있는 것은 참으로 놀라운 사실입니다 "부모를 공경하라, 살인하지 말라, 간음하지도 말라, 도적질하지도 말라, 네 이웃에 대하여 거짓 증거하지도 말라, 네 이웃의 아내와 소유를 탐내지 말라" 또한 예수 그리스도의 두 계명 중 하나인 "네 이웃을 네 몸과 같이 사랑하라" 모두 S에 기초를 두고 있다는 것은 놀라운 사실입니다.

우리 성광학원의 S 운동은 '무사고 운동'에서 시작하여야 되겠지만 궁극에는 '마음 편안하게 살 수 있는 사회, 서로 믿고 신뢰하는 사회, 서로 존중하는 사회, 사고가 나지 않는 사회, 전쟁과 분쟁이 없는 사회, 마음 놓고 평화스럽게 살 수 있는 사회'를 만드는 것으로 귀결되어야 할 것입니다. S운동은 참다운 안전한 사회를 만드는데 필요한 인재를 키우는 운동으로 승화되어야 할 것입니다. 말씀으로 무장되고 실력 있는 인재만이 이 운동을 이끌어 나갈 수 있다고 저는 믿고 있습니다.

 마지막으로 E 즉 Environment 환경 사랑 운동은 본문 중 "그로 바다의 고기와 공중의 새와 육축과 온 땅과 땅에 기는 모든 것을 다스리게 하자 하시고" 라고 하신 이 말씀 중 '다스린다'란 말씀에서 그 해답을 찾을 수 있습니다. 영어 성경에는 '다스린다'는 말을 'rule over'라 번역하고 있습니다. 이 '다스린다'는 말이 선악과(善惡果) 사건 후 남편과 아내의 관계에 대하여 창세기 3장 16절 에 다시 나오고 있습니다. 즉 하와에게 "너는(아내에게) 남편을 사모하고 남편은 너를 다스릴 것이니라" 여기서 '다스린다'는 말도 영어의 'rule over'라는 말로 번역되고 있습니다. 아내를 다스린다 하니 여기 있는 남편들 몇 분이 좋아하시는 것 같은데 너무 좋아해서는 안 됩니다. 이 '다스린다'라는 말의 참뜻은 에베소서 5장 25절 말씀과 연결하여 생각해 보면 결코 쉬운 일이 아니라는 것을 깨닫게 됩니다. 5장 25절에 남편과 아내의 관계에 관하여 "남편들아 아내 사랑하기를 그리스도께서 교회를 사랑하시고 위하여 자신을 주심같이 하라."라고 나와 있습니다.

즉 '참다스림'은 '참사랑'과 연결된다는 사실을 깨달아야 될 것입니다. '참다스림'은 그리스도께서 교회를 위하여 사랑하시고 위하여 자신을 주신 것과 같이 할 때 비로소 달성 할 수 있는 것입니다. 우리에게 피조물들을 다스리는 권한을 주신 것은 피조물들을 진정으로 사랑하고 내 몸과 같이 아끼고 가꾸어 나가라는 명령인 것입니다. 여기에 E 운동의 참뜻이 있습니다. 우리 성광학원의 E 운동도 여기에 초점을 맞추어야 할 것입니다. 이러한 점에서 E 운동은 참으로 중요한 것입니다. 우리 학원의 3행(行) 3불(不) 운동 중 3불 가운데 '침 뱉지 않기', '쓰레기 버리지 않기'가 있습니다. 우리가 우리 몸 위에 침을 뱉고 쓰레기를 버리지 않는 것과 같이 우리가 자연을 다스리는 참뜻을 깨닫는다면 우리 학원 내에 학생들이 침을 뱉거나 쓰레기를 버리지 않을 것입니다. 현실은 10년 이상 3행 3불 운동이 지속되었음에도 불구하고 아직도 학생들이 계속 쓰레기를 버리고 있는 것은 하나님의 명령을 아직도 이해하지 못하고 있고 또 이를 교육시키는데 우리가 성공하지 못하고 있다는 증거이기도 합니다. 3행 3불 운동이 하나의 시도이긴 하지만 우리 스스로 E 운동의 방향을 재정비할 때가 되지 않았는가 생각합니다. 우리의 E 운동은 주위 청결에서 시작하는 것입니다만 궁극에는 사랑의 실천으로 승화되어야 될 것입니다.

H.S.E 운동의 원동력은 하나님의 말씀 안에 있습니다. 이를 현실화하는데 우리가 할 수 있는 일은 이것이 바로 하나님께서

천지를 창조하시며 자기의 형상대로 지으신 우리 인간들을 향하여 생육하고 번성하고 피조물들을 다스리라고 하셨을 때 H.S.E가 실현되는 사회를 만들 것을 우리에게 원하셨던 것임을 먼저 깨닫는 것입니다. 이와 아울러 우리 교사들은 H.S.E 운동에 적극 참여하며, 이를 실현 할 수 있는 뛰어난 인재들을 많이 배출하여야 할 것입니다. 우리의 비전은 '하나님의 말씀을 토대로 또는 말씀 안에서 뛰어난 학력을 무기로 삼아 참다운 H.S.E사회를 만드는데 기여할 수 있는 많은 인재를 배출하여 하나님께 영광 돌리는 학원이 되는 것'입니다.

성공하는 기업이나 단체들의 공통점은 그들에게는 뚜렷한 목표가 서 있고, 공동체 인원 모두가 이 목적을 공유하며 이를 이루고자 하는 의지와 각오로 무장되어 있으며 이를 실천하는 능력을 가지고 있다는 것입니다. 아무리 훌륭한 목표와 이를 달성할 수 있는 전략을 세워 놓았다 하더라도 구성원들이 탁월한 능력, 구성원들의 협력정신 중 하나라도 결여되어 있으면 결코 성공하는 단체가 될 수 없습니다. 우리 성광학원은 하나님이 주신 비전과 여러분의 탁월한 능력, 하나님의 말씀 속에서 하나 된 협력정신을 가지고 하나님 안에서 승리하는 학교로 우뚝 서기를 바라마지 않습니다.

이제 말을 맺겠습니다. 제가 15년 전 학교 재단 이사장으로 취임 할 때부터 성광학원의 참교육은 복음화, 즉 성경에서 시작되어야 된다고 믿었습니다. 이를 효과적으로 추진하기 위해서는 신앙으로 무장된 지도자가 있어야 된다고 판단하였기 때문에 성광학원의 교감, 교장은 안수 집사 또는 그 이상의 신앙 고백이 있는 교사 중에서 선임하겠다고 발표하였습니다. 그 이후 벌써 15년의 세월이 흘렀습니다. 이제 우리 학원의 복음화는 제 갈 길을 잘 가고 있습니다. 이제는 한두 사람의 신앙 지도자가 아니라 우리 모두가 복음의 생활화에 초점을 맞추어 학생들을 지도해 가는 지도자의 길을 걸어가야 합니다. 이제 우리 학원은 다음 세대의 교장 교감 선임은 안수 집사 또는 그 이상의 신앙 고백이라는 조건을 굳이 내세우지 않아도 될 만큼 성숙되었습니다. 다음 세대의 지도자는 우리가 가지고 있는 비전을 공유하며 이를 달성하기 강한 사명감과 이를 위한 자질을 갖춘 교사 중에서 선임할 것입니다. 자기 맡은 일에 열심이며 동료 교사들에게 신임을 얻고 능력 있는 교사로서 인정도 받는 분이어야 할 것입니다.

내년 2월 다시 만날 때까지 모두 활기차고 건강하게 지내시기를 기도합니다.

아름다운 사회를 만드는 시작!
H.S.E(Health, Safety, Environment) 운동

성광고 교우지 치사 「聖光」 51호(2012)

　성광학원은 지난 몇 년간 변화와 성장 그리고 성숙의 과정을 반복하면서 '젊은이들을 말씀으로 무장하여 무슨 일을 하든지 뛰어난 일을 하여 하나님의 영광을 나타내는 학원'이 되는 비전을 향하여 달려왔습니다. 그 비전을 달성하기 위해 학원복음화, 학력신장, H.S.E(Health, Safety, Environment) 운동의 3대 축을 중심으로 많은 발전을 해 왔습니다. 그 결과 2011학년도에는 중학교는 교육활동 유공학교 표창, 수준별 방과후 학교 우수학교 수상, 시교육청 지정 영재학급 운영 및 심화과학반 운영, 영어 특성화 연구학교 운영 등의 성과를 거두었고, 고등학교는 전국 100대 우수학교로 선정, 대한민국 좋은 학교에 선정되어 서울 좋은학교 박람회에 참가하고 교육과학기술부 장관상과 대한민국 좋은 학교 인증패를 받았으며, 학업성취도 향상도 대구 1위

및 전국 30위권, 경북대 이상 서울 우수대학 진학률 대구 10위권 이내, 동아일보와 하늘교육이 고등학교 평판도 조사에서 교육여건 부분 전국 2위, 교과교실제 최우수학교로 선정, 교기인 역도와 육상에서 학생신기록 등 탁월한 성적을 거두었습니다. 이와 같은 활동을 토대로 2012학년도에는 창의경영학교로 선정되었습니다.

2011학년도는 성광학원이 굳건히 교육의 참모습을 유지하면서 공교육의 모범되는 학원으로 우뚝 서는 한해였다고 생각합니다. 이는 기도와 말씀을 통하여 참 교육을 하고자 최선을 다하고 있는 성광의 모든 교직원들과, 선생님들의 가르침을 잘 따르고 있는 성광의 모든 학생들, 그리고 이들을 위하여 기도하는 많은 학부모들에게 내리신 하나님의 축복이라 믿고 있습니다.

저는 얼마 전 오래 동안 알고 있던 한 지인을 만나 대화를 하게 되었습니다. 지인이 말했습니다.

"오늘날 우리 사회는 조화와 협력을 잃어버린 갈등, 진실과 진리를 상실한 거짓의 난무, 세대 간의 분열, 꿈과 희망을 상실해 가는 세대의 증가 등 참으로 살고 싶지 않은 사회가 되어가네. 특히 자네가 교육계에 있으니 말하겠네. 오늘날의 중·고등학교를 보게. 특히 지난 일 년간 우리나라의 학원 폭력문제, 왕따 당한 학생들의 자살 사건, 학생들의 교사에 대한 존경심 결여, 교실 붕괴, 학교 질서 붕괴, 학생들의 흐트러진 배움의 자세, 교사들의 학생의 안녕과 행복에 대한 무관심 등 미래를 이끌어갈 다음 세대의 교육이 이렇게 허물어져 가고 있으니 나라의 앞날이 걱정스럽네."

라고 통탄했습니다. 제가 그 말을 듣고 그에게 물어보았습니다.

"자네는 어떤 사회에서 살기를 원하는가?"

그는 선뜻 이렇게 대답했습니다.

"적어도 세 가지의 힘이 살아 있는 사회에서 살기 원하네. 첫째 건강한 사회, 둘째 안전한 사회, 셋째 가진 것을 아끼고 나누는 사회일세.",

저는 그의 생각을 조금 더 자세히 알고 싶어졌습니다.

"좀더 상세히 묻겠네. 건강한 사회란 무엇인가?"

"건강한 사람은 웬만한 바이러스가 몸에 침투해도 이를 이겨는 힘이 강하며 병에 걸렸어도 이를 이겨내는 힘이 강한 것과 같이 건강한 사회는 사회악이 침투하지 못하며 침투하였다 하더라도 이를 퇴치하는 힘이 강하며 거짓과 유언비어에 흔들리지 않는 사회를 말하네. 이러한 사회는 이 사회의 구성원들 간에 서로 믿을 수 있으며 정직함이 삶의 가치기준이 되고 강한 자는 약한 자를 보호하며 강한 자는 약한 자가 강하게 되게 그 길을 이끌어 주어 꿈과 희망으로 가득 찬 사회일세."

저는 지인의 의견이 평소에 제가 하던 생각과 비슷하여 더욱 흥미를 가지게 되었습니다.

"그럼 안전한 사회란 무엇인가?"

"안전한 사회란 인재(人災)나 자연 재해에서 나 개인을 보호하는 것 이상으로 폭력이 없는 사회, 도적이 없는 사회, 서로 신뢰할 수 있는 사회, 평화가 깃든 사회, 안식이 있는 사회, 평안이 있는 사회, 전쟁이 없는 사회일세."

"그럼 셋째는?"

"셋째는 가진 것을 아끼며 적은 것이라도 풍요롭게 즐기고 서로 나누며 행복하게 살 줄 아는 사회인데 이를 달성하려면 하나님이 창조하신 이 지구와 그 이외 모든 피조물들을 잘 다스리고 이를 내 것이라 생각하지 않고 하나님이 주신 것이니 이를 잘 다스려 더 아름답게 하고 거기서 오는 열매들을 서로 나누어 사는 사회일세."

그는 확신에 찬 목소리로 대답했습니다. 저는 말했습니다.

"잘 알겠네. 이러한 사회에서 살기 원하는 것은 인류 모두가 원하는 바가 아닌가? 그런데 자네는 진정으로 이러한 사회가 탐욕스러운 우리 인간들의 힘으로 만들 수 있다고 생각하는가?"

"물론 불가능하겠지. 그러나 적어도 이를 달성하기 위하여 우리 모두가 힘을 합하여 건강한 사회, 안전한 사회, 아끼고 나누는 사회를 만들기 위하여 노력하는 사회 속에서 살고 싶네. 나는 우리 모두가 오늘날의 현실에 좌절하거나 실망하지 않고 이러한 사회를 만들겠다는 결심만 한다면 이의 달성은 불가능하지 않다고 믿네. 혹 달성하지 못한다 하더라도 삶의 목적과 꿈이 분명하여 우리 모두가 더욱 활기차고 희망과 꿈이 가득 차고 행복한 나날이 되리라 믿네."

저는 지인과의 대화 후 우리 성광 비전 달성의 3대 축의 하나인 H(건강)S(안전)E(환경) 운동이야말로 많은 사람들이 추구하는 아름다운 사회를 만드는 시작이라 더 확신하게 되었습니다. 우리의 H(Health) 운동은 육체의 건강만을 말하는 것이 아니라 건강한 영혼 나아가서는 나의 지인이 말한 건강한 사회를 만드는데 기여하는 지도자를 양성하는 운동이며, S(Safety) 운동은 안전 불감증을 떨치고 날마다 생활 속에서 사고로 인하여 다치지 않는 일에서 시작하여 안전한 사회를 만드는데 기여하는 지도자를 양성하는 운동이며, E(Environment) 환경 운동은 하나님이 창조하신 피조물을 사랑하고 잘 다스려 인류사회를 위하여 풍요하지는 않다 하더라도 유용하게 사용할 뿐 아니라 가진 것을 아껴 이웃과 함께 나눔과 섬김을 실천하는 사회를 만드는데 필요한 인재(人才)를 양육하는 운동인 것입니다.

이제 2012년의 새 학기를 맞이하여 성광의 모든 가족들은 한 마음으로 다같이 H.S.E 사회를 구현하는데 크게 기여하는 인재(人才)를 양성하는데 우리의 힘을 모아야 할 것입니다. 이렇게 힘을 모으는데 동참하는 여러분 모두에게 하나님의 축복하심과 인도하심이 있기를 기도합니다.

3

성광이 가야 하는 길

성광학원의 발전을 위한 제언(提言)

성광고 교우지 특별기고 「聖光」 43호(2004)

저는 우리 성광학원이 하나님의 말씀 안에서 '무슨 일을 하든지 뛰어난 일을 하여 주님의 영광을 나타내기'를 항상 기도하고 있습니다. 이제까지 우리 성광학원이 이만큼 성장하게 된 것은 주님의 은혜와 성광학원 교직원들의 노력이라고 생각하며 항상 감사하는 마음을 가지고 있습니다.

여러분들과 두 가지 화두를 가지고 저의 생각을 나누며 몇 가지 부탁을 하고자 합니다. 오늘 말씀드리고자 하는 요지는 참다운 공교육 실현을 위해서 우리 성광학원이 나아가야 할 길과 앞으로 계속 실현될 중·고 교류의 원칙에 대한 것입니다.

첫 번째 화두는 참다운 공교육 실현을 위해서 우리 성광학원이 나아가야 할 길입니다. 얼마 전 저는 2003년 10월 17일자

「조선일보」에 게재된 '공교육 왜 경쟁하지 않지요?'라는 제목을 가진 기자수첩 글을 '우리의 자화상은?'이라는 질문과 함께 여러분께 나누어 드린 일이 있습니다. 저는 이 기사를 읽으면서 참으로 안타까운 생각이 들었습니다. 저는 공교육의 우수성을 굳게 믿고 있는 사람 중의 하나이기 때문입니다. 공교육이 사교육에 비해 경쟁력이 뒤떨어지는 것은 단지 공교육이 그 우수성을 깨닫지 못하고 있으며 깨닫고 있다 할지라도 이를 효율적으로 완벽하게 활용하지 못하고 있다는 데 있습니다. 우리 성광학원은 그러한 우(愚)를 범하지 않기를 바라면서 이 문제를 잠시 생각해 보고자 합니다.

저는 다음의 다섯 가지 이유에서 공교육이 우수하다고 생각합니다. 먼저 교사의 자질 면에서 공교육 기관의 교사들이 사교육 기관의 교사들에 비해 일반적으로 우수한 자질을 가지고 있습니다. 이는 지난 15년 간 우리 성광학원의 교사를 선발하기 위해 많은 후보들을 면접하면서 얻은 결론입니다. 둘째는 팀웍(teamwork) 면에서 공교육은 사교육이 따라올 수 없는 유리한 조건에 있습니다. 입시학원의 강사들은 개인적인 활동에 강하지만 특히 우리 학원과 같은 사립학원은 단단한 결속력과 조화를 통해 개인의 능력만으로는 지도할 수 없는 영역까지 힘을 합하여 지도할 수 있다는 장점이 있습니다. 저는 국제 경쟁 사회에서 다년간의 경험을 통해 한 사람의 슈퍼스타(super star)가 내는 힘보다는 하이파이브팀(High Five Team)이 발휘하는 힘이 더욱 강하다는 것을 굳게 믿습니다. **셋째는 경험의 축적 면**에서 공교육은, 특히 우리 학원과 같은 사립학교는 아주 유리한 점을 가지고 있습니다. 다년간 교사간의 경험을 공유하고 정리하여 축적된 교육은 그렇지 않은 교육이 흉내낼 수 없는 지도를 할 수 있습니다. **넷째, 인성교육의 면**에서도 사교육이 외면하고 있는 그 귀한 임무를 공교육은 수행하고 있습니다. 예체능 교육과 행사교육을 실행하고 있는 공교육은 지식 교육 그 이상의 의미가 있는 전인교육의 장이며 인간교육의 위대한 사명을 띠고 있는 것입니다. **다섯째, 인간관계의 측면**에서 공교육에서는 진정한 인간교육, 인격교육이 이루어지므로 사제간의 바람직한 인간관계가 형성되며, 학생들은 동기간에 아름다운 교우관계가 형성되어 후일 동창회 결성과 일생동안 사회활동에 큰 영향을 주게 됩니다.

이러한 모든 여건들을 합하면 **공교육이 사교육 기관에 비해 뒤지지 않는, 아니 더 우수한 여건을 가지고 있는데도 불구하고 입시교육에서 그 경쟁력이 뒤지고 있는 이유**는 무엇인지 자문해 봅니다. 그 이유는 세 가지 정도로 생각해 볼 수 있습니다.

먼저 교과내용 지도 면에서 사교육 즉, 입시학원은 그 자율성이 보장되어 있다는 점을 들 수 있습니다. 입시학원은 시설과 수강료를 제외하고는 감독 관청으로부터 통제나 간섭을 받지 않는 반면, 공교육은 학습진도, 학력평가 등 여러 측면에서 교육청의 지시를 따라야 합니다. 따라서 그런 점에서 공교육은 교육의 비

효율성을 초래할 수 있습니다.

둘째로 수준별 학습 면에서 사교육은 공교육에 비해 좀더 세분화되어 있고 좀더 효율적으로 구성될 수 있다는 점이 있습니다. 수준이 비슷한 학생들을 모아 지도하므로 가르침의 백타가 수능시험 성적향상에 모두 집중되어 있다는 것입니다.

셋째, 교사의 동기부여 면에서 사교육은 철저히 능력에 따른 성과급 체제이므로 공교육이 부여할 수 없는 엄청난 동기부여를 하게 됩니다. 학원가는 강사가 학생들로부터 환영받는 정도에 따라 수입이 달라지는 자본주의 완전경쟁체제에 있습니다. 학원 강사는 그 경쟁 속에서 건재하기 위해서라도 교재를 부단히 연구하고 학생의 눈높이를 맞추려 노력합니다. 또한 변화하는 입시제도에 대처하는 속도가 아주 민감합니다.

반면 성광학원의 교직원 여러분은 다르겠지만 공교육의 많은 교사들이 이상하게도 인성교육을 위해서는 철저하고 깊이 있는 훌륭한 수업을 소홀히 해도 된다는 인식을 가지고 있습니다. 각 과목의 교사가 자신의 과목을 교과서에 국한해서만 적당히 가르쳐 학생들에게 스트레스를 주지 않는 것이 전인교육에 도움이 된다고 생각하는 것입니다.

저는 이러한 태도가 오히려 전인교육을 잘못되게 하는 계기가 된다고 믿고 있습니다. 학생은 교사의 생활습관에서 삶을 배웁니다. 각 과목의 교사가 자기가 맡은 과목을 훌륭한 교재를 선택하여 최선을 다해 열강을 하는 모습을 통해 학생들은 삶의 자세를 배우게 됩니다. 자신의 과목을 열강하며 가르침의 즐거움을 즐기는 교사를 통해 학생들은 배움의 즐거움도 가지게 됩니다. 교사들이 적당히 수업을 할 때 학생들은 수업의 즐거움을 느끼지 못하고 수업에 집중하지 못하며, 자연히 시험성적도 오르지 않아 스트레스만 쌓이고 그 결과 크게는 전인교육에 도움이 되지 않는 것입니다. 전인교육은 전 과목 교사들이 자신의 과목을 철저히 가르치고 학생들이 교사의 모든 덕스러운 행동을 통해 내면화할 때 그 공동체 속에서 이루어지는 것입니다. 따라서 우리 성광학원은 우리가 갖고 있는 다섯 가지 장점을 최대한 이용하여 사교육이 갖고 있는 세 가지 장점을 추월하도록 노력해야 할 것입니다. 이 문제는 심도 있는 검토가 필요합니다.

　제가 오늘 말씀드리고자 하는 **두 번째 화두는 '앞으로 계속 실현될 중·고 교류의 원칙'**에 관한 것입니다. 이는 참다운 공교육을 실현하기 위한 우리 학원의 새로운 발걸음이 될 것입니다. 지난 우리 학원 50주년 기념일에 '중·고합동교과회의'가 처음으로 열렸습니다. 그 토의 중 중·고 교사 교류의 원칙이 무엇인가에 대한 논의가 있었다는 보고를 들었습니다. 이에 저는 그동안 실행해왔고 앞으로도 실행할 '중·고 교사 교류의 원칙'에 대해 말씀드리겠습니다.

첫째, 중학교의 교사 평균연령이 고등학교에 비해 3~5년 정도 젊은 상태를 유지하겠습니다. 중학생의 평균연령이 고등학교에 비해 세 살이 어린 것을 고려하면 중학교 교사의 평균연령도 고등학교의 교사 연령보다 3~5살 젊은 것이 이상적이라 생각합니다. 그동안 중학교 교사의 연령이 고등학교 교사의 연령보다 고령이었다가 2002년에 비로소 역전되었습니다. 앞으로 이 상태를 유지하도록 노력할 것입니다.

둘째, 교사 연령이 50대 초반이 될 때까지는 중·고의 교과 연계성을 위해 예외 없이 지속적인 교사교류가 계속 될 것입니다. 성광학원의 교사는 누구나 교직에 몸담는 동안 특별한 경우를 제외하고 두세 번은 교류 경험을 갖게 될 것입니다. 모든 교사가 모든 기회를 공평하게 나누어 가져야 한다는 것도 간과해서는 안 될 것입니다. 또한 한 곳에서 3~4년 이상 근속하지 않도록 최선을 다하려 합니다. 50대에 들어서면서 서서히 자기 적성에 맞는 학교가 정해질 것입니다.

셋째, 50대의 유능한 고등학교 교사 가운데 중·고 연계의 실현을 위해 중학교에 잠시 교류되는 경우 2~3년 후에는 본인 의사에 따라 다시 거취를 정하게 될 것입니다. 앞으로 중·고 연계가 원만하게 이루어져 이러한 형태의 교류는 자취를 감추게 되기를 바랍니다.

중·고 교사 교류는 중·고 교과 연계성 확보와 교사의 보다 나은 발전을 통해 우리 성광학원이 참다운 공교육을 실천해 보자는 의도에서 시작되었습니다. 연초에 제가 여러분께 당부한 것처럼 중·고 교사 교류의 참뜻을 이해하시고 앞으로는 중·고 각 교과 협의회에서 천거가 되어 좀더 자율적인 교류가 이루어지길 바랍니다. 그리하여 모든 교사가 자기 과목의 중·고 교육과정을 꿰뚫어보고 좀더 연관성 있고, 효율적으로 지도하기를 바랍니다. 그러는 가운데 여러분의 교과목에 대한 좀더 밀도 있는 접근과 체계적인 전문성을 확보하게 되리라 봅니다. 아직 시작 단계에 있지만 장차 우리 성광학원의 발전을 위해 반드시 정착되어야 할 풍토라고 생각합니다. 적극적으로 동참해 주시기를 바랍니다.

50년 전의 그 날, 오늘 그리고 내일

성광중 교우지 치사 「성맥」(4집),
성광학원 개교 50주년 기념행사 치사(2003. 10.8)

　'6.25 동란으로 몰려드는 피난민의 집단과 격증하는 인구 속에 향학심이 불타는 젊은이들이 배울 곳을 찾아 헤매는 것을 보다 못한 기독교계의 몇몇 동지들이 대구제일교회당을 빌어 성광중학원으로 첫발을 내디던 것이 1951년 2월, 이것이 이 학교의 발단이며 오늘의 성광을 이룩한 것이다.' 책상 정리를 하다 문득 1967년 12월 조선일보에 '산시민(市民) 양성의 파이어니어(pioneer)'라는 이름으로 우리 학교가 소개된 글을 보게 되었습니다. 지나간 우리 학교의 산역사들이 주마등(走馬燈)처럼 스쳐 지나갑니다.
　50년 전 선친(先親)께서는 성광중·고등학교를 세울 땅을 찾아 다니신 결과 누런 곡식이 출렁거리던 칠성벌을 선택하셨습니다. 개교 당시 선친께서는 목조 가건물의 운동장에서 한결같이 학생들에게 '겨자씨만한 믿음만 있어도 태산을 옮길 수 있다'고 성경 말씀을 강조하셨습니다. 결국 우리 성광학원은 '여호와를 경외하는 것이 지혜의 근본이라'는 말씀에 기초하여, '시작은 미약하나 장차 장대하리라'는 믿음의 씨를 뿌리게 된 것입니다. 가교사(假校舍)로 시작한 칠성벌 시절 과학관을 짓기 위해 교사와 학생들이 시간 날 때마다 벽돌을 옮겨 나르며 흘리던 땀방울이 있었습니다. 그 후 우리 학원은 많은 사람들의 보이지 않는 땀방울을 거름 삼아 믿음의 씨에 싹을 틔우고 성장하기 시작했습니다.

칠성벌에서 싹튼 믿음의 씨앗은 오늘날 복현동산에서 이제 이 지역의 '명문사학'이라는 위대한 결실로 모습을 드러냈습니다. 1967년 제가 미국에서 들어와 교장으로 있을 때부터 일찍이 주장해왔던 심화반과 부진반을 지속적으로 발전시키고 있으며 하나님의 말씀 안에서 하나된 교직원이 하나님의 사랑 안에서 학생들을 교육하고 있습니다. 그 결과 각 분야에서 지역의 다른 학교들이 따라올 수 없는 훌륭한 전통을 세워가고 있습니다.

이제 우리 성광학원의 내일을 생각해 봅니다. 지금까지 이어온 귀한 성광의 전통과 정신을 더욱 발전시킴으로써 진정한 성광인을 배출해나갈 것입니다. 성광인의 전통인 '창조'와 성광인의 정신인 '그리스도의 정신'을 가슴 속에 되새기고 '진정한 성광인'이 되어야 할 것입니다. '진정한 성광인'이란 성광의 전통과 정신을 이어 받아 무엇을 하든지 뛰어난 사람이 되어 하나님의 영광을 나타내는 사람입니다. 모든 일에 창조적으로 사고하고 행동하며 그리스도의 정신을 본받아 남과 나눌 줄 알 때 그 사람은 무슨 일을 하든 뛰어나게 될 것이고 하나님의 영광이 그 속에 나타나게 될 것입니다.

　우리 성광 학교의 비전은 젊은이를 교육함에 있어서 성경에 바탕을 두고 우리가 '무엇을 하든지 뛰어난 일을 함으로써 하나님께 영광 돌리는 것'입니다. 여기서 '하나님께 영광을 돌린다' 함은 생활 속에서 예수 그리스도의 모습을 본받아 그 분의 향기를 풍기며 사는 것을 의미합니다.

　저는 우리의 비전을 달성하기 위해 H.S.E(Health, Safety, Environment) 운동을 펴왔습니다. H.S.E 운동의 원동력은 하나님의 말씀 안에 있습니다. H.S.E 운동은 각각 건강과 안전, 환경에서 일차적인 의미를 찾을 수 있지만 궁극적으로 건강한 시민, 안정된 시민, 환경을 가꿀 줄 알고 조화를 이룰 줄 아는 시민을 양성하고자 합니다. 한 걸음 더 나아가 진정으로 하나님이 원하셨던 건강한 사회를 이루기 위해서는 이를 실행해야 할 말씀으로 무장되고 실력 있는 인재를 많이 배출하여야 될 것입니다. S운동은 참다운 안전한 사회를 만드는데 필요한 인재를 키우는 운동으로 승화되어야 할 것입니다. 또한 E운동은 주위 청결에서 시작하는 것입니다만 궁극에는 사랑의 실천으로 승화되어야 될 것입니다. 우리 성광인들은 H.S.E 운동에 적극 참여하며, 이를 실현할 수 있는 뛰어난 인재로 성장해야 할 것입니다. 이 운동을 성광의 오늘과 내일에 지속적으로 추진해 나가면서 하나님이 보시기에 진정 아름다운 학교로 성장해 나가기를 간절히 소망합니다.

　성광학원의 역사 반세기를 지나는 이 시점에 우리 성광 가족들이 하나님 안에서 한 마음으로 합하여 성광의 내일을 향해 웅비(雄飛)하는 데 동참해 주시기를 바랍니다. 그리하여 그 언젠가 '전국에서 으뜸가는 사학(私學) 성광학원'이라는 기사가 게재될 날을 기대해봅니다. 50년 전의 그 날, 오늘 그리고 내일 이 성광학원에서 삶을 엮어왔고 엮어갈 성광가족 모두에게 주님의 가호가 함께 하시기를 간절히 기도합니다. 감사합니다.

세계 속의 명문 사학 성광학원

성광홍보지 축사 「성광홍보지」 2호(2018)

성광학원은 64여 년 전 복음화의 횃불을 들어 올리면서 지금까지 지속적인 변화와 발전을 해 왔습니다. 성광학원이 갈림길에 설 때마다 항상 '하나님의 말씀'을 중심에 두고 학원의 비전, 교훈, 일곱 가지 가치관을 지표로 모든 결정을 하고 있습니다.

성광학원의 비전은 '젊은이들을 말씀으로 양육하여 무엇을 하든지 뛰어난 일을 하여 하나님의 영광을 나타내는 학원'이 되는 동시에 세계 속의 명문 사학이 되는 것입니다. 우리 학원에서 당면하는 모든 문제들에 대해 우리 학원의 비전 달성에 합당한 것인가를 질문하면서 하나님께 기도하면서 접근한다면 틀림없이 하나님께서 지혜와 능력의 축복을 주십니다.

성광학원의 교훈은 '자신을 알자, 힘을 기르자, 새것을 찾자'입니다. 첫 번째 교훈인 '자신을 알자'의 참의미는 삶의 주체인 나 자신에 대하여 아는 것에 국한 된 것이 아니라 지금 우리가 하고 있는 일들에 영향을 주는 모든 요소들을 정확하게 알자는 것입니다. '나는 누구냐? 나의 꿈은? 나는 어떠한 삶을 살기를 원하는가? 하나님께서 주신 나의 재능은 무엇인가? 내가 주위와 국가를 위하여, 세계 인류를 위하여 무엇을 할 수 있는가?'를 찾아 가는 것입니다. 이를 위해 적성 검사, 성격검사, 흥미검사, 재능과 직업 이해, 시대의 흐름에 대한 이해. 진로 진학 지도 교육, 인성교육 등 여러 가지 학교 프로그램들이 있습니다.

두 번째의 교훈은 '힘을 기르자'입니다. 진정한 힘은 하나님이 각각 학생에게 주신 재능을 살려, 능력을 기르는 것입니다. 참과 거짓이 무엇인지, 옳고 잘못된 것이 무엇인지, 공정과 편견이 무엇인지를 구별하는 힘, 변하는 주위환경과 역사의 흐름 속에서 이에 대처할 수 있는 힘, H.S.E(Healthy, Safety, Environment)의 사회, 즉 건강한 사회와 안전한 사회, 그리고 주님의 창조질서를 회복하는 사회를 구현하기 위하여 우리가 할 수 있는 능력을 키우고 훈련하는 것입니다.

세 번째 교훈은 자신을 알고, 힘을 기른 후 이를 바탕으로 꿈을 키우고 이를 실현하고 달성하려는 생활태도로서 '새것을 찾자'입니다. 세워 놓은 꿈을 달성하면 다음 단계의 꿈을 다시 세워 계속 새것에 도전하게 되는 것입니다. 성광학원이 지역을 선도하는 새로운 교육 패러다임에 도전하며 세계적인 글로벌 인재를 만들어 가려는 부단한 노력을 하고 있는 것이 이 범주에 속하는 활동이라 하겠습니다.

성광학원의 일곱 가지 가치(Seven Value)는 '꿈과 사명감(Vision),

열정(Passion), 정직(Integrity), 자비(Compassion), 겸손(Humility 또는 Humbleness), 팀(Team Work), 즐김(Enjoyment)'입니다. 성광학원의 비전과 교훈을 바탕으로 본 학원의 교사들과 학생들 모두 이 일곱 가지 가치관을 가슴에 품고 그에 맞게 살아간다면 성광학원은 지역 사회를 넘어, 국가를 넘어 세계적인 명문사학으로 도약할 수 있을 것이라고 저는 굳게 믿고 있습니다.

 2017학년도에 이어 2018학년도에 발간되는 성광 소식지는 이러한 성광학원의 교육이념과 활동이 집약된 결정체입니다. 성광학원이 나아가는 길에 많은 관심을 가져주시고 세계 속의 명문사학으로 발전할 수 있도록 여러분들의 협조를 부탁합니다. 감사합니다.

성광학원의 발전을 위해 달려가야 할 방향

「성광의 아름다운 선교 이야기」 10호(2019)

제가 살아온 인생을 되돌아보면 인생의 삶이란 항상 갈림길에 서서 어느 쪽으로 갈지 결정하며 살아왔습니다. 그 결정의 결과에 따라 삶의 방향과 삶의 질과 성취가 달라집니다. 이러한 결정을 할 때 이를 가름할 절대 지표가 있어야 합니다. 이는 나 자신뿐만 아니라, 기업의 지도자나 그 사회의 지도자에게도 적용되는 것입니다. 결정의 절대 지표가 없이 갈림길에서 순간적인 이득만을 위하여 결정하는 삶은 종국에 가서는 후회하는 삶이 될 가능성이 많이 있으며 진정으로 가치 있는 삶이 되기 어렵다고 저는 믿고 있습니다. 예를 들면 기업에서 어떠한 기업의 가치관을 가지고 모든 일들을 결정하느냐 하는 것이 지속적인 기업 성공의 열쇠가 됩니다. 기업이 주주들을 위한 이윤추구에만 결정 지표를 두는 기업과 그 기업이 존재하기 때문에 이에 영향을 받는 모든 이들(Stakeholder)을 염두에 두면서 균형 잡힌 결정을 하는 기업 사이에는 그 기업의 문화나 기업 전략이 달라지며 사회적으로 존경과 사랑을 받는 정도가 달라 장기적인 번영과 성공에 많은 차이가 나는 것을 보게 됩니다. 정치권도 자유 민주주의를 결정의 지표로 삼느냐, 또는 평등 사회주의를 결정의 지표로 삼느냐에 따라 정치 제도가 달라지며 국가의 흥망성쇠가 좌우되기도 하는 것을 우리는 역사를 통하여 알고 있습니다.

성광학원은 30여 년 전 복음화의 횃불을 다시 들어 올리면서 지금까지 지속적인 변화와 발전을 해 왔습니다. 저는 이 과정 중에서 성광을 위하여 많은 것을 결정 할 때마다 항상 저의 결정에 영향을 준 지표가 있었습니다. 이를 한마디로 말하면 '하나님 말씀'입니다. 이를 좀 더 세부적으로 말씀드리면 저는 다음의 세 가지 지표를 가지고 성광학원을 위한 결정을 합니다.

첫째는 우리가 달성하고자 하는 비전입니다.
둘째는 우리 학교의 교훈입니다
셋째는 우리가 지향하는 7가지 가치관입니다.

첫째는 우리의 비전입니다.

우리의 비전은 '젊은이들을 말씀으로 양육하여 무엇을 하든지 뛰어난 일을 하여 하나님의 영광을 나타내는 학원'이 되는 것입니다. 저는 항상 내가 결정하는 것이 하나님께서 기뻐하시는 것일까? 이 결정이 하나님의 영광을 나타낼 수 있을까? 이러한 질문을 하면서 무슨 일을 결정하든지 결정하기 전 기도하면서 많은 묵상을 합니다. 기도하며 묵상하면서 하나님의 응답을 기다립니다. 이렇게 하고 있으면 마음 깊은 곳에서 응답의 목소리가 들리는 경험을 많이 합니다. 또한 그것에 적합한 말씀이 또 오르기도 합니다. 이렇게 하여 결정한 것들은 과감하게 열정을 가지고 추진할 수 있는 것입니다. 여러분들도 제자들을 위하여 교제를 준비할 때나 문제 학생들을 지도할 때나, 우수 학생의 진로 문제를 상담할 때나, 여러분들의 전문 분야를 위하여 연구할 때나 여러분이 하는 것이 우리 학원의 비전 달성에 합당한 것인가를 질문하면서 어려움을 당할 때 하나님께 기도하면서 접근한다면 틀림없이 이러한 분들께 하나님께서 그분의 지혜와 능력을 듬뿍 내리시는 축복을 주실 것입니다.

둘째는 우리 학교의 설립자가 세워 놓은 우리의 교훈입니다.

'자신을 알자, 힘을 기르자, 새것을 찾자'입니다. 오늘날 우리나라뿐만 아니라 전 세계적으로 젊은이의 교육에 많은 문제점을 가지고 있습니다. 특히 우리나라에서는 제가 여기서 열거하지 않더라도 신문 지상에 또한 사회 여러 곳에서 우리나라 중등 교육의 문제점을 지적하며 그 해결책을 내어 놓고 있습니다. 어떤 해결책은 서로 충돌하여 양립할 수 없는 해결책도 나오고 있습니다. 저는 우리 학교의 교훈이야말로 방황하고 있는 우리나라

교육 지침에 훌륭한 길라잡이가 된다고 생각하고 있습니다.

성광학원의 첫 번째 교훈인 '자신을 알자'의 참뜻을 우리는 정확하게 이해하여야 합니다. 나 자신 개인에 대하여 아는 것에 국한 된 것이 아니라 지금 우리가 하고 있는 일들에 영향을 주는 모든 요소들을 정확하게 알자는 것입니다. 우리의 하는 일들의 주체는 나 자신입니다. 그러나 나에게 연관되고 영향을 주는 커다란 그릇 속에서 나를 알아가야 합니다. 무인도에서 자신을 발견하는 것이 아니라 예수그리스도 안에서 자신을 발견하는 것입니다. 그리고 주위와 나의 관계에서 나를 알아가야 합니다. 가족 속에서, 자기가 속해 있는 공동체 속에서, 사회 속에서, 국가 속에서, 전 세계 속에서 나를 찾아 가는 것입니다. 나 자신의 문제만 아는 것이 아니라, 나를 둘러싸고 있는 공동체의 문제를, 사회를, 나라를, 세계를 아는 일도 중요한 과제입니다. '나는 누구냐, 나의 꿈은 무엇인가, 나는 어떠한 삶을 살기를 원하는가? 나는 어떠한 재능을 가지고 있는가? 하나님께서 주신 나의 재능은 무엇인가? 내가 주위를 위하여, 국가를 위하여, 세계 인류를 위하여 무엇을 할 수 있는가?'를 찾아가는 것입니다. 이를 무인도에서 찾는 것은 무의미하다는 생각입니다.

이를 위하여 여러 가지 학교 프로그램들이 있습니다. 적성 검사, 성격검사, 흥미검사, 재능과 직업 이해, 시대의 흐름에 대한 이해. 진로 진학 지도 교육, 인성교육 등이 그것입니다. 이는 '자신을 알자'를 깨우치는 첫 걸음에 지나지 않습니다. 이를 시작으로 학생들이 자기 자신과 자기에게 영향 주는 요소들을 알아 참된 꿈과 희망을 갖도록 하여야 합니다. 이런 맥락에서 우리 학교의 복음화에 이어 사회과의 역할이 중요하게 될 것입니다.

두 번째의 교훈은 '힘을 기르자'입니다.
많은 사람들은 이를 단순히 지식을 많이 쌓아 시험 성적 올리는 것으로 생각하고 있습니다. 그러나 저는 이것이 잘못된 것으로 생각하고 있습니다. 시험성적 올리는 지식 쌓기는 영혼 없는 교육의 표본입니다. 시험 성적은 그동안 각자가 배운 것을 얼마나 잘 소화하였는지, 자기의 약점과 강점이 무엇인지 발견하여 약한 것은 강하게 강한 것은 더 강하게 하는 하나의 수단이지 그 성적 자체가 배움의 목적이 되는 것이 아닙니다. 진정한 힘은 하나님이 각각 학생에게 주신 재능을 살려, 능력을 기르는 것입니다. 참과 거짓이 무엇인지, 옳고 잘못된 것이 무엇인지, 공정과 편견이 무엇인지를 구별하는 힘, 변하는 주위환경과 역사의 흐름 속에서 이에 대처할 수 있는 힘, H.S.E(Healthy, Safety, Environment)의 사회를 구현하기 위하여 할 수 있는 능력을 키우고 훈련하는 것입니다.

지금 우리가 하고 있는 특색 사업들이 이 범주에 들어가고 있습니다. 이들은 힘을 기르기 위한 하나의 방법이지 그 자체가 목적이 아니란 것을 우리는 기억하여야 합니다. 교과교실제, 고교 교육력 제고, 영재학급, 통합 논술 학교, 방과 후 학교, 성취 평가제 등은 이를 통하여 가장 빠르게 효과적으로 학생들의 능력과 재능에 맞추어 사회가 요구하는 지식과 이를 생활에 적용하며 변화에 적응할 수 있는 힘을 기르는 것입니다. 현재 우리가 하고 있는 방법보다 더 좋은 방법을 찾기 위하여 우리는 지속적으로 연구하고 새로운 길을 계속 찾아야 합니다.

세 번째 교훈은 '새것을 찾자'입니다.

이의 참뜻은 자신을 알고, 힘을 기룬 후 이를 바탕으로 꿈을 키우고 이를 실현하고 달성하려는 생활태도가 '새것을 찾자'의 참뜻입니다. 세워놓은 꿈을 달성하면 다음 단계의 꿈을 다시 세워 계속 도전하게 되는 것입니다. 이 교훈이 담고 있는 숨은 요소 중의 하나가 경쟁의 개념입니다. 경쟁의 개념은 나의 꿈을 달성할 수 없게 방해하는 것들이라 하겠습니다. 이에는 자신과의 경쟁이 있습니다. 또한 나와 직접으로 경쟁하는 자와의 경쟁이 있습니다. 세 번째는 간접적인 경쟁 즉 지금의 상태를 밀어내는 새로운 물결과의 경쟁입니다. 이러한 경쟁의 벽을 넘어 설 때 참다운 새것을 찾게 되고 꿈을 실현하게 되는 것입니다. 경쟁의 벽을 뛰어넘지 못하면 결코 꿈을 이룰 수 없다는 사실을 학생들에게 주지시켜야 합니다.

세 번째 지표는 저의 가슴에 담고 있는 '7가지 가치 기준'입니다.
이에 대하여는 제가 여러 번 말씀드렸기 때문에 오늘은 이 7가지 제목만 열거하겠습니다. 저는 이 가치 기준에 위배되지 않으려 노력하고 있으며 이 7가지 가치 기준을 나름대로의 교사 평가제에 반영하고 있습니다. 이 7가지 가치는 '꿈과 사명감, 열정(Passion), 정직(Integrity), 자비(Compassion), 겸손(Humility 또는 Humbleness), 팀(Team Work), 즐김(Enjoyment)입니다. 저는 교사 채용 시 후보들이 이러한 가치관을 가지고 있느냐에 많은 관심을 가지고 면접을 합니다.

이제 마지막으로 교권 회복에 대하여 언급하고자 합니다. 우리가 아무리 좋은 비전과, 나아가는 방향, 프로그램을 가지고 또한 확고한 가치를 추구한다 하더라도 교육 현장 속에서는 교육을 이끌고 있는 주체인 교사의 교권이 확립되어 있지 않으면 이 모든 것이 모래 위에 세워 놓은 건물에 지나지 않다고 나는 믿고 있습니다. 교권 회복이 없으면 우리의 지금까지 이룩한 기반이 하루아침에 무너질 수 있습니다.

우리는 교권을 회복하고 확립하며 수호하여야 합니다. 오늘날 배움의 위치에 있는 학생의 인권과 가르침의 위치에 있는 교사와의 인권을 동일 선상에서 취급하고 있는데 문제가 있습니다. 이는 형평성에 문제가 있다고 생각합니다. 제가 지난 금요교직원 예배 시 말씀드린 바와 같이 이를 정부나 제 3자가 해결 주기를 기다릴 수 없습니다. 교권 회복을 위하여 우리가 할 수 있는 일들을 찾아 과감히 실천하여야 합니다. 저는 이를 위해서 오늘 4가지를 제시하고자 합니다.

첫째는 모든 교사들이 학생들을 지도할 때에 열정과 헌신적으로 하여야 하며 또한 자기 분야의 도인(道人)이 되어야 합니다.

교실에서 권위가 있어야 합니다. 저는 이 문제를 가지고 여러분들과 면접할 때 이와 관련하여 많은 질문을 합니다. 면접 시는 하나 같이 교사로서의 열정과 헌신을 약속하며, 5년 내에 교사의 도인이 되겠고 이를 달성할 준비가 되어 있고 그렇게 하겠다는 약속을 합니다. 여기에 계시는 여러분, 스스로 자기 자신을 돌아보시기를 바랍니다. 이사장과의 약속을 지키기 위하여 얼마나 많은 노력을 하였는가? 자문해 보시기 바랍니다. 여러분들이 자기 분야의 도인이 되고 열정과 헌신으로 학생들을 지도할 때 99%의 학생들은 여러분들을 신뢰하고 여러분의 지도에 순응할 것입니다. 이것이 교권 회복의 실마리라 믿고 있습니다. 현재 우리 학교에는 이렇게 하는 분이 많이 계신 것을 감사하게 생각하고 있습니다.

두 번째는 학생들이 교칙을 준수하게 하여야 합니다. 교사는 교칙의 집행자입니다. 학생은 교칙을 지켜야 할 의무가 있습니다.

교칙이 절대 진리는 아니라 하더라도 교칙은 학생과 교사, 학교 사이에 서로 지키기로 한 약속입니다. 우리는 학생들에게 약속은 꼭 지키는 생활 지도를 하여야 합니다. 학생들이 자신의 인권을 누리려면 교칙을 철저히 지켜야 한다는 것을 주지시켜야 합니다. 이렇게 하기 위해서는 교사인 여러분들이 먼저 교칙을 잘 지켜야 할 것입니다. 교칙을 어기는 학생은 단호히 처리하여야 합니다.

 세 번째는 교권 확립에 걸림돌이 되는 것들 중 우리가 할 수 있는 것은 과감히 제거하여야 합니다.

 현재 교사평가제와 담임 및 교과목 학생선택제에 약간의 부정적인 면이 있다는 이야기를 들었습니다. 학생들이 자기를 엄하게 지도하는 교사에게 부정적인 평가를 하는 경우가 종종 있기 때문에 교사들이 위축되고 의기소침해질 때가 있다고 들었습니다. 이를 해소하기 위하여 교사 평가제에서 교사들의 인품과 성품이나 인신공격성의 댓글은 삭제하도록 하여야 합니다. 성광재단이 엄격한 과정을 통하여 선택한 교사들에 대하여 인품과 성품에 대하여는 학생들의 판단보다 재단의 판단이 우위에 있다고 저는 믿고 있습니다. 또한 현재 실시하고 있는 학생들의 담임선택제를 수정하여 학생들에게는 '담임지원선택권'을 주고 반면 교사에게는 '학생선발권'을 부여할 것입니다. 지원 미달 되는 경우가 있더라도 일단 여러분을 선택하겠다고 지원한 학생은 이를 발표하기 전에 여러분들께 거부할 수 있는 권한을 부여할 것입니다. 그 이외에도 여러분들의 교권 확립에 걸림돌이 되는 것이 있으면 이를 시정할 것입니다. 교장, 교감 선생님들을 통하여 여러분의 의견들을 들려주기 바랍니다.

 네 번째는 우리 모두가 우리의 교권 확립을 위하여 하나로 뭉쳐야 한다는 것입니다. 교사들이 하나로 뭉쳐 학생들을 바르게 지도하는 데 누가 이에 대항하여 교권을 추락시킬 수 있겠습니까?

  지난 한 학기 동안 수고하신 여러분들께 감사를 드리며, 오늘의 특색사업을 완성시켜 모름지기 정상에 서는 학원을 만드는 데 우리 모두가 한마음이 되어 전진하며 우리의 교권을 확립하는 성광학원이 되기를 기원합니다.

성광이 가는 길

성광고 교우지 치사 「聖光」 59호(2020)

　지금 우리나라는 경제적으로 선진국 대열에 진입했다지만 영적으로는 후진국을 벗어나지 못하고 있습니다. 가치관의 혼돈, 불신, 비방, 거짓의 난무, 무기력한 공권력, 이기주의 만연, 편가르기, 인성교육은 뒷전이고 시험 성적에만 몰두하는 공교육의 편향 등으로 저는 우리 민족의 미래에 대하여 암담한 생각을 버릴 수 없습니다. 이러한 경향이 점점 심화되어 나의 마음을 무겁게 하고 있습니다.

　이러한 오늘날의 문제를 당장 해결할 수 없지만, 우리가 10년, 20년 후의 우리나라를 바로 이끌 수 있는 올바른 인재를 양육하여 미래를 바꾸어 나갈 수 있는 초석을 다져야 합니다. 성광학원의 교직원들은 제자들에게 단순히 세상 지식 전달만을 하는 영혼 없는 교육을 위하여 성광에서 근무하고 있지 않습니다. 우리의 선각자들이 일제 강점기에 일제를 힘으로 물리칠 수는 없었지만 학교를 세워 많은 인재를 양육했다는 사실을 기억하면서 오늘도 우리 성광은 말씀으로 무장된 '하나님의 마나하임' 즉 하나님의 일꾼들을 통하여 미래를 바꿀 수 있다는 믿음으로 오늘도 최선을 다하고 있습니다.

성광학원의 비전인 하나님이 기뻐하시고 또한 세계 속의 명문 사학이 되려면 미래 사회가 필요로 하는 진정한 글로벌 리더(Global Leader)를 많이 양성하여야 합니다. 미래가 필요로 하는 글로벌 리더는 창의성과 올바른 인성을 겸비하고 지혜롭고 영적으로 성숙되며 힘이 있고 실력이 있어 세계의 변화 속에서 새로운 기회를 창출하고 또한 변화를 이끌어 가며, 여러 다른 문화를 이해하고 융합하며 이들을 이어주는 교량 역할을 하여 여러 나라와 어울려 살아갈 수 있는 인재들입니다. 이는 성경적인 가치관에 기초를 두어야 합니다.

성광교육재단의 정관 제 1조에 '이 법인은 대한민국의 교육이념에 입각하여 기독교 정신으로 중등교육을 실시함을 목적으로 한다.'라고 정하고 있습니다. 70여 년 전 이 학교를 설립하신 이규원 설립자의 미래를 내려다본 혜안이 놀랍기도 합니다. 기독교 정신의 바탕은 예수그리스도의 정신이라 할 수 있으며 예수그리스도의 정신이야말로 바로 기독교 정신과 동일선상에 있다고 생각합니다. 따라서 기독교 정신을 생활화하는 올바른 길은 예수그리스도의 삶에서 찾을 수 있습니다.

　예수님께서는 자기 자신이 누구인지, 이 땅에서 하셔야 할 일이 무엇인지 잘 알고 계셨으며 이를 위하여 공생애를 시작하시기 전 힘을 키우셨으며 준비가 되었을 때 인류구원의 새로운 역사를 여신 분입니다. 즉 우리 학교의 교훈인 '자신을 알자, 힘을 기르자, 새 것을 찾자'를 몸소 실천하신 분이십니다. 성광의 설립자께서는 이러한 예수님의 삶에서 성광의 교훈을 정하셨다고 저는 믿고 있습니다.

　예수님이 공생애를 시작하신 후의 생활을 보면 다음의 일곱 가지 모습을 발견할 수 있습니다. 첫째 인류구원의 확고한 신념과 사명감을 가지고, 둘째 이를 달성하기 위하여 열정적으로 생활하셨으며, 셋째 정직하고 온전하게, 넷째 자비와 사랑으로 모든 사역을 실행하셨으며, 다섯째 제자의 발을 손수 씻기신 겸손한 분이었으며, 여섯째 서로 협동하는 모습을 보여 주셨으며, 일곱째는 항상 기뻐하고 감사하며 삶을 즐기신 분입니다. 저는 이러한 모습을 보면서 우리 성광학원의 일곱 가지 가치관을 제시하게 되었습니다. 즉 서두에서 언급한 오늘의 여러 가지 바람직하지 못한 사회상을 올바르게 하겠다는 꿈과 사명감(Dream & Mission), 이를 실천하기 위한 열정(Passion), 정직과 온전함(Integrity), 자비와 사랑(Compassion), 겸손(Humility), 협동(Team Work), 그리고 감사와 즐김과 기뻐함(Enjoyment)입니다. 이 가치관은 제가 평생 가슴에 품고 살아온 것인데, 우리 성광 학원의 세 가지 교훈과 일곱 가지 가치관을 생활에 적용하는 것이 기독교 정신을 생활화하는 첫 걸음이며 진정한 글로벌 리더가 되는 필요조건이라 믿고 있습니다. 이는 우리 학원이 학생들을 지도하는 지침이기도 합니다.

우리 학원의 비전은 젊은이들을 말씀으로 양육하여 무슨 일을 하든지 뛰어난 일을 하여 하나님의 영광을 나타내어 하나님이 기뻐하시는 학원이 되는 동시에 미래를 이끌어 나갈 진정한 글로벌 리더들을 많이 배출하여 세계 속의 명문사학이 되는 것입니다. 오늘도 우리는 이 비전을 달성하기 위하여 앞으로 전진하고 있습니다.

이제 우리는 모두 힘을 합하여 우리 학교의 슬로건인 성스러운 빛을 발하여 하나님이 기뻐하시는 학원, 세계 속의 명문 사학이 되는 데 동참하는 여러분들이 되어 주시기를 원하며 이렇게 결심하는 여러분들 위에 하나님의 축복과 은혜와 평강이 넘쳐나시기를 기원합니다.